# 瞽女さと温泉

国見修二

題字　岡田凌雲

# はじめに――瞽女さんと温泉

新潟県柏崎市に「ほんのびまんじゅう」という美味しいお饅頭がある。しっとりとした触感で味わい深い。この名付け親は、詩人の宗左近さん。「ほんのび」とは、「じょんのび」という言葉からの発想だろう。それをモチモチしてほんわかしているお饅頭にかけて「ほんのび」としたのだろう。旧高柳町（柏崎市）には、「高柳じょんのび村」があり、じょんのび温泉「楽寿の湯」がある。このお菓子屋さんは、以前この高柳町にあった。

「じょんのび」とは新潟の方言で、のんびりとくつろぐこと、ゆったりすることなど楽々とした気分、つまり極楽・極楽というような心の状態をさす。温泉につかった時などに「じょんのび、じょんのび」と心身から自然に湧き出る言葉だ。

また、新潟市西蒲区にある福寿温泉の名称は、まさに「じょんのび館」だ。私はこの二つの温泉に入ったとき、無意識に「じょんのび、じょんのび」と言葉がでてきた。心身が喜んでいるのだ。

人は温泉につかると、目をつむりその心地よさにひたる。日常生活の疲れから、あるいは心の悩みからいっときでも解放される。

かつて農村では、農繁期を終えると「はんばきぬぎ」や「はばきぬき」などと言って湯治をして心身の疲れを取っていた。もともとは、旅を無事に終えたことに感謝しておこなった慰労会のこと。

温泉の効能は昔から言われているが、理にかなったものといえよう。温泉は、心身の回復に役立つものだ。温泉ブームといわれて久しい。温泉好きな私にとって、旅でも釣りでも、仲間との旅行でも必ず宿は〈温泉〉と決めている。

本の題名と何のかかわりもないじゃないかと叱られそうだ。それではいよいよ本題に入る。瞽女と温泉。さて、どんな関係があるのだろう。


温泉に肩までつかると「ざ・ざざ―、ざざざ――」と湯船からお湯があふれ出た。

「うーん、一日の疲れが吹き飛んだ」

と、瞽女は言ったかもしれない。

「今日は五里も歩いたから、こうして温泉につかると楽になるこって。じょんのび、じょんのび」

と、瞽女は言ったかもしれない。

実際に高田瞽女の杉本キクイさんたちは、新潟県旧能生町（糸魚川市）の山間にある島道鉱泉に泊まるのが好きだった。宿の人や村人との交流の喜びもあるが「この静かな夜の温泉宿が好きだった」と述懐している。

また、長岡瞽女の小林ハルさんも、新潟県下越地域にある出湯温泉で、「ここの鯉こくはうまい」、「ここの湯はぬるくていい」、「ちょっとぬるいども、出るとぬくくなる」

などと温泉が好きだったようだ。ハルさんは十三年間も出湯温泉の一画に住んでいた。

越後瞽女は、一年のうち三百日くらいを旅して歩いた。当然、その道程には鉱泉や温泉もあった。瞽女は基本的には、無償で泊まれる瞽女宿に泊まっていたが、中には島道鉱泉のように瞽女宿が温泉場であることもあった。一日十キロも二十キロも歩く瞽女さんにとって、お風呂は一日の疲れを癒やす場であり、夜に控える瞽女唄演奏会のために、汗を流し着替えて身だしなみを整える場でもあった。

このように瞽女さんとお風呂は欠かせないものだが、瞽女さんと温泉というとなかなか結び付きにくいのかもしれない。しかしながら、調べてみると実は興味深い関係があったのだ。その主な理由については、この本を読んでからのお楽しみである。温泉の効能は、人々をリラックスさせ、疲れを取り、心身の苦しさを和らげてくれ人々を幸せにしてくれるものだ。これが温泉力だ。強く生きる力を持った瞽女たちが効能豊かな温泉に入ったのだ。そこに入れば、瞽女力プラス温泉力できっと極楽のように、じょんのび、じょんのびとなるはずである。これ間違いなし！

ここでは、その瞽女さんたちが入った実際の温泉場を紹介する。新潟県、長野県、山形県を中心にして、私が実際に現地を訪ね、温泉に入ることを原則とした。泊まった宿がすでに無い場合は、温泉場自体の紹介となる。文章にまとめる時に、次の点に留意した。例えば新潟県糸魚川市の島道鉱泉なら、そこに行った瞽女さんのエピソードなどを添えることにした。そうすることでこの本を読み終えたときに、しらずと瞽女さんの基本的なことも理解できるようにとの思いからである。

また第六章として、映画「瞽女GOZE」（令和二年公開）の監督、瀧澤正治と画家の渡部等そして私と一緒に入った温泉も紹介する。平成三十年、監督は撮影のために新潟に来た。そこで撮影場所などの候補を探したり撮影したりと一緒に回った。また映画が完成した後も、県内外で上映時に瞽女唄演奏会や座談会などを催し、終了後や前泊した時には必ず温泉に泊まった。

瞽女さんが泊まった温泉、そして映画「瞽女GOZE」監督の瀧澤正治が泊まった温泉も瞽女さんとの縁と思っている。楽しんで読んでいただき、効能ある温泉につかっていただければ幸いである。

さあ、ご一緒に出かけましょう。瞽女と縁ある温泉へ。

温泉は地球の羊水

瞽女力プラス温泉力で入れば極楽――入らねば損・損。

目次

はじめに――瞽女さんと温泉　3

# 一章　新潟県　下越地域の温泉

1　出湯温泉　阿賀野市　14
2　弥彦温泉　西蒲原郡弥彦村　21
3　新胎内温泉　胎内市　30

二章　新潟県　中越地域の温泉

4　西谷温泉　長岡市　38
5　大湯温泉　魚沼市　46
6　栃尾又温泉　魚沼市　53
7　松之山温泉　十日町市　58
8　兎口温泉　十日町市　65
9　越後湯沢温泉　南魚沼郡湯沢町　70

三章　新潟県　上越地域の温泉

10　島道鉱泉　糸魚川市　80
11　笹倉温泉　糸魚川市　89
12　赤倉温泉　妙高市　96

## 四章　長野県の温泉

13　小谷温泉　北安曇郡小谷村　106
14　下里瀬温泉　北安曇郡小谷村　112
15　戸狩温泉　飯山市　117
16　霊泉寺温泉　上田市　123
17　鹿教湯温泉　上田市　129

## 五章　山形県の温泉

18　泡の湯温泉　西置賜郡小国町　136
19　小野川温泉　米沢市　142
20　蔵王温泉　山形市　150
21　白布温泉　米沢市　156

22　赤湯温泉　南陽市　163

## 六章　映画「瞽女GOZE」監督　瀧澤正治と入った温泉

1　岩室温泉　新潟県新潟市　170
2　燕温泉　新潟県妙高市　174
3　矢代温泉　新潟県妙高市　180
4　玉梨温泉　福島県大沼郡金山町　184
5　桑取温泉　新潟県上越市　189
6　高瀬温泉　新潟県岩船郡関川村　194
7　池の平温泉　新潟県妙高市　201
8　大湯温泉　新潟県魚沼市　206
9　越後長野温泉　新潟県三条市　212

10　会津芦ノ牧温泉　福島県会津若松市　217
11　季の郷 湯ら里　福島県南会津郡只見町　222
12　瀬波温泉　新潟県村上市　229
13　東山温泉　福島県会津若松市　234
14　川西町浴浴センターまどか　山形県東置賜郡川西町　239
15　越後二ツ屋温泉　新潟県十日町市　244
16　尾瀬檜枝岐温泉　福島県南会津郡檜枝岐村　250

あとがき　256

一章　新潟県

# 下越地域の温泉

# 1　出湯《でゆ》温泉　阿賀野市

「ここの湯はぬるくていい」
「ちょっとぬるいども、出るとぬくぬくする」
「ここの鯉こくはうまい」

（下重暁子『鋼の女』）

この言葉は、最後の瞽女といわれた小林ハルさんが、出湯温泉に入っての感想である。ハルさんは、出湯温泉に昭和三十五年から十三年間住んでいた。温泉宿ではなく、温泉場のすぐ近くの家を借りて住んでいた。その時の様子が次のように書かれている。

昭和三十五年七月でしたねえ、出湯に来たのは。その弟子の女子ミサは目が見えるし、私のことを「ばあちゃん、ばあちゃん」って慕ってくれますんで、私にとっては役に立つことも多かったんだけどねえ。
それで、石水亭のご主人二瓶さんと華報寺のご住職のお陰で、長い間生活することができましたえ。でもねえ、六十を越した年だしねえ、それに時代も、もう瞽女唄なんて喜んで聞いてもらえるような世の中でなくなってしもたのでねえ。

（川野楠己『最後の瞽女小林ハル光を求めた一〇五歳』）

石水亭　今は別の人が住む

ハルさんは、出湯温泉で十三年という長い期間を過ごした。ここでアンマもやり、温泉宿でも瞽女唄も歌い生活していた。この後、新発田市の養護老人ホームに入るので、ハルさんにとっては、出湯での生活が最後の自立の場だったといえる。昭和四十八年五月二十八日は、ハルさんが瞽女唄を歌う最後の日となった。
翌日は新発田市の養護老人ホームに入る日である。川野さんの本によると、ハルさんの最後の瞽女唄を多くの人々が聞きたがっているだろう。あなたが今ここで演奏すれば、またとないお別れの瞽女唄になるだろうし、それがテレビを通して多くの人々に紹介されれば、それを見た人たちは明日のハルさんの旅立ちを祝ってくれるだろう

と、後見人の二瓶さんに言われたという。現役最後の瞽女唄を出湯温泉の華報寺本堂の正面の階段で三味線を弾き歌ったのだ。見送る人々とテレビ局のカメラの前で。その曲は、瞽女唄で一番有名な「葛の葉子別れ」だった。

華報寺

されればによりては　これにまたいずれに愚かはなけれども
何新作のなきままに古き文句に候えど　ものの哀れを尋ぬれば
蘆屋道満白狐変化に葛の葉子別れを

　あらあら読み上げ奉る　ただ情けなや葛の葉は　夫に分かれ子に分かれ――

湯治客も含め二十人近くがハルさんの最後の歌を聴いたという。七十三歳の時の歌であった。そして冒頭の、

「ここの湯はぬるくていい」

という出湯温泉に入った感想の言葉を残している。

出湯温泉は、旧笹神村。背後には五頭山《ごずさん》があり、静かな山間の湯治場だ。結構人気の湯治場で、ここに相馬御風や竹久夢二なども訪れていて歌碑も建っている。

また、鉛筆画家の木下晋、美術評論家の洲之内徹、随筆家の白洲正子も出湯の石水亭に来ている。もちろん、下重暁子も。

出湯温泉――名前がいい。いかにも温泉が湧き出ている感じだ。かなり前に友人と日本秘湯の会の温泉宿、清廣館に泊まったことがある。木造の建物で、風格があった。開業三百年余りの歴史を持つ宿だ。大きな湯船ではなかったが、ゆっくりと心身にその効能が入ってくる感じがした。

また、令和四年には、一人で出湯温泉の珍生館に一週間ほど逗留した。落ち着いた

静かな宿が気に入った。宿から目の前に華報寺と華報寺共同浴場がある。地域の人は朝風呂の習慣があり、六時にはもう澄ました幸福な顔で湯につかっている。

この番台に座る高橋和子さんは、ハルさんが共同浴場に入りに来たのを今でもしっかりと覚えているという。共同浴場があるので、当時は家ではお風呂を持たない家が多かったそうだ。ハルさんの家にもお風呂はなく、この共同浴場へよく来ていたとのこと。ただし、今の共同浴場ではなく前の木造建築の共同浴場だったそうだ。湯船も木枠だったとのこと。ハルさんが養女に手を引かれて浴場に通っていたそうだ。

高橋さんは、ハルさんが最後に瞽女唄を華報寺で歌った時も、一緒に聴いていたと懐かし気に話された。

この温泉街には共同浴場が二つある。華報寺共同浴場と、出湯温泉共同浴場である。華報寺共同浴場は昔からある共同浴場。出湯温泉共同浴場は、平成二十年二月に新しく出来た。「新湯」と呼ばれ、親しまれているとのこと。

まず、この新湯に身体を沈めてみた。

するとハルさんが言うように、

「ここの湯はぬるくていい」

が実感できた。

熱すぎないため、ゆっくりと長く入ることができる。そして上がってからもじわじわと温かさが持続してくる。入浴料金が二百五十円と安い。温泉街のレトロ感が、代金にも反映されていた。

そして次に華報寺共同浴場にも入ってみた。外観は古いが、湯船の真ん中から、こんこんと湯が湧き出ている。弘法大師お授けの湯なのでまたいだり、おしりを乗せたりしないようにと注意書きしてある。無礼がないようにと。地元の人に人気の湯らしい。朝早くから一日中湯に入りに来る人が絶えない。温めの温泉で、寒いときには少し沸かすという。湯につかれば、心をもじんわりと包み込

華報寺共同浴場
朝6時の様子
(許可を得て撮影)

岩の上に立つ
弘法大師

んでくれるかのようだ。岩の上に弘法大師様が立っておられる。湯はその高い岩からも流れ出てくる。

小林ハルさんも入った出湯温泉。老人ホームに入所する前日に瞽女唄を歌った華報寺のある出湯温泉。十三年もの間、最後の現役時代を過ごした出湯温泉。決して幸福とは言えなかった人生だが、三味線と唄で最後まで力強く生き抜いたハルさんの唄が、目を閉じて湯につかった私の耳に聞こえてきた。そして、

「おめさんもがんばれや」

と励ましの言葉が聞こえたような気がした。

ゆっくりと、時間を止めて入りたい温泉だ。

出湯温泉　阿賀野市

○泉質　単純弱放射能冷鉱泉（ラジウム温泉）（中性低張性冷鉱泉）源泉温度三十八・八度

○効能　神経痛・筋肉痛・関節痛・五十肩・運動麻痺・関節のこわばり・うちみ・くじき・慢性消化器病・痔疾・冷え性・病後回復期・疲労回復・健康増進

―五頭温泉郷旅館協同組合ホームページより―

新潟県阿賀野市村杉三九四六―一六三
電話〇二五〇―六一―三〇〇三

※共同浴場は二軒、「出湯共同浴場」と「華報寺共同浴場」（正式名称「漲泉窟《ちょうせんくつ》」）がある。

## 2　弥彦温泉　みのや　西蒲原郡弥彦村

弥彦温泉は、三条の在にある小林ハルさんの実家からは比較的近い。近いと言っても二十キロもあるのだが。越後一の宮の彌彦神社は新潟の名所の一つで、多くの観光客が訪れる。

弥彦山は、標高六三四メートル。東京スカイツリーと全く同じ高さだから、当時話題となった。弥彦山ロープウエーで山頂まで行けるので、便利だ。山頂からは広く越後平野が見渡せ、四季折々の風景が楽しめる。田んぼに張られた水面が光のように反射する春の風景や、秋の黄金色の穂波風景などが美しい。振り返れば日本海に大きな佐渡島がどっかと浮かんで見える絶景だ。

彌彦神社は歴史も古く、『万葉集』にも二首が歌われている。

弥彦《いやひこ》おのれ神《かむ》さび　星雲の
たなびく日すら　小雨そほ降る
訳（弥彦のお山　このお山は　おのずと神々しく
　青雲の美しく棚引くこんな晴れた日でさえ、小雨を、
　ぱらぱらと降らせている）
弥彦神の麓《ふもと》に　今日らもか

彌彦神社

鹿の臥すらむ　裘《かはごろも》着て　角つきながら

訳（弥彦の山の麓では　今日もまた、鹿が畏《かしこ》まってひれ伏しているだろうか。毛皮の着物を身に付け、角を頭に戴きながら）

彌彦神社は、昔から「おやひこさま」と呼ばれ親しまれてきた。昭和五十七年に上越新幹線が開通し、それを記念して建てられた大きな赤い鳥居は、高さが三十メートルもある。上の額の大きさは畳十二畳分だからその大きさがわかるだろう。遠くからもこの赤い鳥居が見え、まさに弥彦のシンボルとしての存在だ。桜、菊祭り、紅葉狩り、初詣にと一年中賑わっている。村営の競輪場があるのは、全国でもこの弥彦村だけである。

この弥彦温泉に十歳のハルさんが泊まった。

桐生清次『最後の瞽女　小林ハルの人生』では、次のように記されている。

彌彦神社大鳥居

三条在では、昔から長旅に出る前にお弥彦様をお参りすると旅先で病気をしないですむというういい伝えがあって、六月になると会津の長旅に出なければならないから、孫じさまが私のことを案じてそうしてくれた。

これからハルが、会津への初めての長旅に出るので無事に帰ってきて欲しいので、孫じい様が宿代を全て払うということにして親方と一緒に弥彦温泉へ行ったのだ。親方とハルを含めて四人が三条から弥彦を目ざして五里の道を歩いたという。明治四十三年三月十五日のことだ。道中の会話に次のことが記されている。

途中、親方に、

「宿でごちそうがついたら、何がついてあったか覚えていて家のしょに教えねばならないんだぞ」

といわれながら、五里の道を歩いていった。

そして、

「お弥彦様をお参りしてから、大門の所にある大きな宿屋へ行った」とある。

ところが、それなのに親方は、普段の旅のようにハルにはお菓子やご馳走を食べさせないのだ。

「おやおや、いとしげな玉兎のお菓子だこと、とってもうまいわ」

なんて親方しょは食べていったが、私はいじってもみなかった。

ハルは、玉兎さへ食べさせてもらえなかったのだ。

「今は、おまえの家から金を出してもらったんだから風呂に入れるが、これから先、よそへ行ってどこに泊まろうが、いっちょうまえに唄のできない間は、おれも先に入ろうか、などといわれないもんだ」（注・玉兎　弥彦の名物で子どもが大好きな砂糖菓子）

ハルは温泉から上がってくると、二の膳付きでご馳走がたくさんあったが、親方は、ご馳走をハルには食べさせてくれない。

「親方、何かおかずを食べれば悪いだろうかね」

とハルが聞くと、親方は、

「常におまえに教えている通りだ」

と言った。

つまり、ご飯とお汁のみということだ。

旅館の人は、ハルにご馳走を食べるように勧めてくれたが、親方は、

「この子は何でも嫌いで、どこへ行っても食べない子なんだがね」

と言う。なんてひどい親方なのだろうと思ってしまう。温泉には入ったが、ご馳走は食べることができなかったお弥彦参り。ハルにとっては、せっかくの楽しい温泉旅行のつもりが、目の前に並んでいるご馳走も食べることができず、切なかったに違いない。

家に帰ったハルは、孫じいさんに温泉のご馳走などを尋ねられた。

「ハル、ごちそうをいっぱい食べれていかったろう」

と聞かれ、ハルは、

「はい」

とだけ、答えたという。

普通ならば、「ご馳走を食べさせてくれなかった」と答えるだろう。しかしハルは

その苦しみをじっと自分の心の中に収めて置くのだ。それ故、こちらの心がより辛くなる。

それでも、温泉につかることでハルの心は少しでもいやされたのではないかと信じたい。

「良く耐えたね。これも修行だよ。会津への長旅はきっと無事だよ」と、お弥彦様と温泉がハルの心身をやわらかく包んでくれたものと信じている。

十歳のハルが入った弥彦温泉。

「大門の所にある大きな宿屋」とは、現在の「みのや」ではないかと推測できる。みのやは、大門から道路を隔ててすぐの所にあった。みのやのホームページを見ると、「弥彦温泉三二〇歳」とある。開業してから三百二十年ということになる。

ご馳走を食べさせてもらえなかったハル、そして瞽女さんたちが入った弥彦温泉。五里を歩いて来てつかった温泉。言訳をしなかった我慢強さ、力強さを持っていたハル。

その弥彦温泉。私ももっと強く、辛抱強くなりたいと願った。

「みのや」の大浴場につかり、次に露天風呂に入った。美人の湯と呼ばれている。温泉につかり目を閉じたら、

みのやの展望大浴場

露天風呂

「良い人と歩けば祭り悪い人と歩けば修行」

ハルさんの有名な言葉が浮かんできた。外は紅葉が盛りである。

おもてなし広場では、源泉一〇〇パーセントの足湯や手湯を楽しめる。

弥彦温泉　みのや　西蒲原郡弥彦村

○泉質　アルカリ性単純温泉
　　　泉温四七・九度
○効能　疲労回復・健康増進・ストレス解消・病後回復・鎮静効果・美肌効果

やひこ桜井郷温泉
○泉質　硫黄―ナトリウム―塩化物泉　泉温四三・二度
○効能　きりきず・やけど・慢性皮膚炎・虚弱児童・慢性婦人病・糖尿病

―弥彦観光協会公式ホームページより―

西蒲原郡弥彦村弥彦九七一―四
電話〇二五六―九四―三一五四

◇みのや　西蒲原郡弥彦村弥彦二九二七―一　電話〇二五六―九四―二〇一〇

# 3　新胎内温泉　ロイヤル胎内パークホテル　胎内市

昭和六十二年五月、私は取材を兼ねて胎内の老人ホームへ向かった。長野を出ておよそ五時間が過ぎただろうか、胎内川と書かれた所に着いた。「胎内」とはアイヌ語で清いという意味だが、文字通り母体を思わせるような穏やかで澄んだ水が流れていた。山の上を見ると大きな観音様が村のすべてを見守るかのように立っていた。（略）そこから車で約十分ほど走った所に目指す盲老人ホーム「やすらぎの家」がある。

（杉山幸子『瞽女さん　高田瞽女の心を求めて』）

杉山さんは、子どもを連れて直江津の海で死のうと長野から電車に乗った。その電車の座席に置いてあった新聞記事に、瞽女のことが書いてあった。目の見えない瞽女さんがこんなにがんばって生きているのに、五体満足な私が子どもを道連れにして苦しさから逃れるために死のうとしている。もう一度生きてみようと決心し、強く生きるようになったのだ。

　冒頭の文章は、杉山さんが胎内の新潟県唯一の盲老人ホーム胎内やすらぎの家を訪ねたときのもの。高田瞽女だった杉山シズさんに会いにきたのだ。

　文章を読むとちょうどその日は五月十三日で、瞽女さんが一年で一番大切にしている妙音講がここで行われていた。弁財天の供養である。瞽女業を廃業した瞽女さんたちは、このやすらぎの家に入居することが多かった。それゆえ、この妙音講が営まれたのである。

　入居者には、小林ハルさんもいた。瞽女唄をハルさんから習っている竹下玲子さんもいた。杉山さんは、その日ようやく杉本シズさんに会うことができた。シズさんは、杉本キクイさんをお母さんと呼び慕っていたが、昭和五十八年に高田に住んでいたキクイさんが亡くなると、その一年後にシズさんと手引きだった難波コトミさんと一緒に旧黒川村にある胎内やすらぎの家に入所したのだ。

　杉山さんはその後、シズさんと交流を続け遠い長野から通い続けた。そしてシズさ

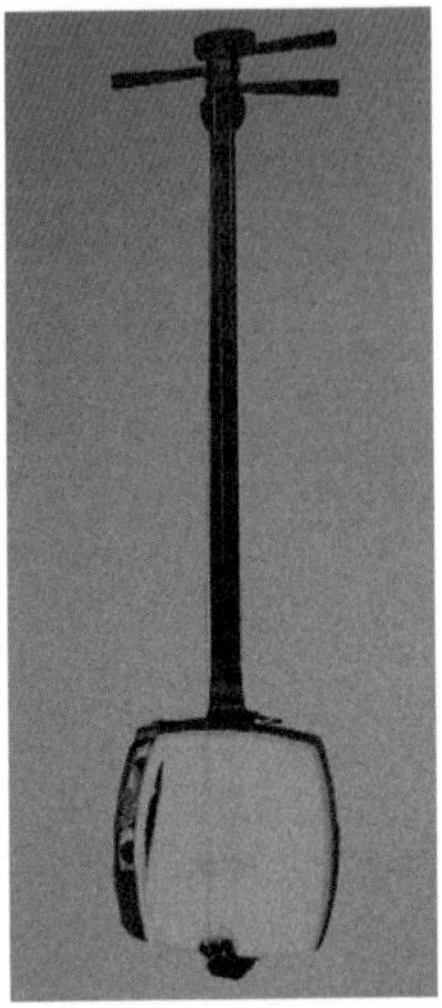

杉本キクイの２代前の師匠マセからキクイへ譲り渡された三味線　そのキクイからシズへ譲られたもの　シズは晩年これを杉山幸子へ譲った

んが亡くなるまで（平成十二年七月）心を許し合った。シズさんは、何よりも大切にしていた三味線を「これをもらってくんないかね。どうしてもオマンの傍らに置いてほしい」と杉山さんに託したという。そこまで杉山さんを信頼していたのだ。

さて、瞽女さんだった杉本シズさんは、杉山さんと一緒に温泉に入っている。

杉山さんに電話で訪ねたとき、

「本当は瀬波温泉へ行きたかったのです。でもシズさんは、車が苦手でした。車酔いするのです。ですから、やすらぎの家の近くにある胎内温泉に二人で行きました」

と話された。

宿泊した場所は、胎内温泉ロイヤル胎内パークホテルである。やすらぎの家から車で十分くらいだ。

山間部にある大きなホテルだ。シズさんと杉山さんは二人で気兼ねなくこの温泉につかったに違いない。キクイさんのことや瞽女旅の思い出などを話したことだろう。温泉が、二人の人生をしっかりとあたため、いっそう深く結びつけたに違いない。杉山さんとシズさんがこの温泉に来ることになったことが、次のように記されてある。

最初の出会いから数年後、親交を深めた杉山氏とシズは、盆が過ぎた頃に瞽女唄を聞かせることと、近くの温泉に行くことを約束した。これ（手提げ巾着袋）はその際に、ホテルで杉山氏がシズにプレゼントとして購入したもの

（『杉山幸子氏寄贈高田瞽女関連資料（一）』）

約束通り杉山さんは、この胎内温泉にシズさんを連れて来たのだ。そしてホテルの売店でシズさんに手提げ巾着袋を買ってプレゼントした。二人がそれを買っている写真も同冊子に収められている。

シズさんは、自分の持ち物などを杉山さんに託した。シズさん亡き後、杉山さんは、

温泉売店で杉山さんからシズさんへのプレゼントされた手提げ巾着袋

温泉売店でのふたり　左がシズさん
「高田瞽女関連資料(一)」

令和二年に三味線、巾着袋、シズさんが肌身離さず持っていたという土人形などの遺品を、飯山市に寄贈した。シズさんが「心の古里として愛した」という飯山市に。シズさんの遺品の他、ご自分の瞽女関連の資料など含めおよそ百点にものぼった。現在は、飯山ふるさと館に所蔵されている。

今の新胎内温泉は、展望露天風呂の宙《そら》の箱舟、露天大浴場、岩風呂の空庭の湯、大浴場の女神の湯、そしてサウナ風呂もある。この温泉にゆっくりとつかってみた。ぬるりとしたナトリウム泉質が特徴のよく温まる温泉だ。「ああ、いい気持だ」と声が出た。

シズさんは、「正直に一生懸命生きていれば、神様が見ていて必ずお陰を下さる」

露天大浴場

旧大浴場

の言葉を残している。母ちゃん役だったキクイさん亡き後、杉山さんとの出会いは、正直に一生懸命生きたシズさんへ神様からの「お陰」のごほうびだったに違いない。また杉山さんにとっても、一度は死のうとした身から瞽女と出会い、瞽女の取材を十年もやり、演劇で一生懸命に瞽女を演じることができたのも神様からの「お陰」であろう。そんな一生懸命に生きた二人がつかった温泉。きっと何かの「お陰」があるに違いない。

新胎内温泉　ロイヤル胎内パークホテル　胎内市

○泉質　ナトリウム炭酸水素塩　硫酸塩温泉

○効能　神経痛・関節痛・五十肩・運動麻痺・関節のこわばり・うちみ・くじき・慢性消化器病・冷え症・病後回復期・

疲労回復・健康増進など

―ロイヤル胎内パークホテルホームページより―

胎内市夏井一一九一―三

電話〇二五四―四八―二二一一

令和二年リニューアルオープン

# 二章　新潟県

# 中越地域の温泉

## 4 西谷《にしだに》鉱泉　長岡市

鉱泉と聞くと、何故か温泉よりも親しみが感じられるのは、古い人間だからだろうか。

ここ旧越路町の西谷鉱泉は、越後瞽女最後の生業を昭和四十年代後半まで行っていた金子セキさん、中静ミサオさん、手引きの関谷ハナさんの三人がここを拠点にしていた場所だ。谷あいにひっそりと佇むこの鉱泉宿。現在も二軒が営業している。

西谷鉱泉には、信越本線の塚山駅が近い。歩いて七分と案内所にはある。湯治客や瞽女さんたちがここで湯につかり、じょんのびをした。湯につかり、世間話をして笑った。部屋に集まり持参したお菓子や漬物でお茶を飲んだ。自分を飾らず、今までの旅の苦労が嘘のように消えて明るく過ごすひと時。温泉の効能は、こうまで人の心を解放するものだ。農繁期を終え重労働から解放され、湯治で過ごす風習は昔からあったようだ。温泉の良さだろう。

瞽女さんたちも、この西谷鉱泉で湯治やはんばぎぬぎ（新潟の方言―旅の打ち上げ会）を行ったのだ。

橋本照嵩《しょうこう》写真集『瞽女』には次のように書かれている。

「写真のう、撮ってもろうても、おらたち目がみえねえすけ、おら知らねえのう」、と中静ミサオさんは言った。「もうこんでもいいんだが」と金子セキさんは言うのだった」

（昭和四十八年四月三日）

とある。

写真家の橋本さんは、この三人の瞽女さんと共に旅をして写真を撮った。三人が「同行してよいよ」と気をゆるすまで、何かと苦労があったようだ。人間あきらめずに相手に好意を示しながら、一緒に過ごす時間が大切なようだ。橋本さんは、瞽女さんの湯治の場面をこの写真集に次のように書いている。

しぶみ館で温泉につかり湯治する　加藤イサ、金子セキ、中静ミサオ、関谷ハナ　1972年5月

部屋でくつろぐ様子
橋本照嵩写真集『瞽女』より

瞽女さんたちは、いまは老いて旅には出ない加藤イサさん（七十六歳）という老瞽女さんと四人で湯治に行くということだった。三島郡越路町西谷の「しん湯」というのがいつも湯治する宿であった。塚山駅から渋海川を渡ると、西谷湯治場は近かった。

宿は三軒だけだった。しん湯（しぶみ館、三島郡越路町字西谷、内山武司さん）のじじは世話好きな人である。内山さんの家は西谷の村では庄屋格だった。先祖に一人、目の不自由な女の人がいて（その人が瞽女になったかどうか語らなかったが）、そんな因縁で昔から瞽女さんが来ては宿していたというのだった。そしていまの人たちも一年に三度か四度は湯治に来て長逗留したり、刈羽や小千谷への旅の行き帰りに一夜宿して行くのだった。冬の湯治の夜中に、あたりが静かになると、一人三味をひいて静か

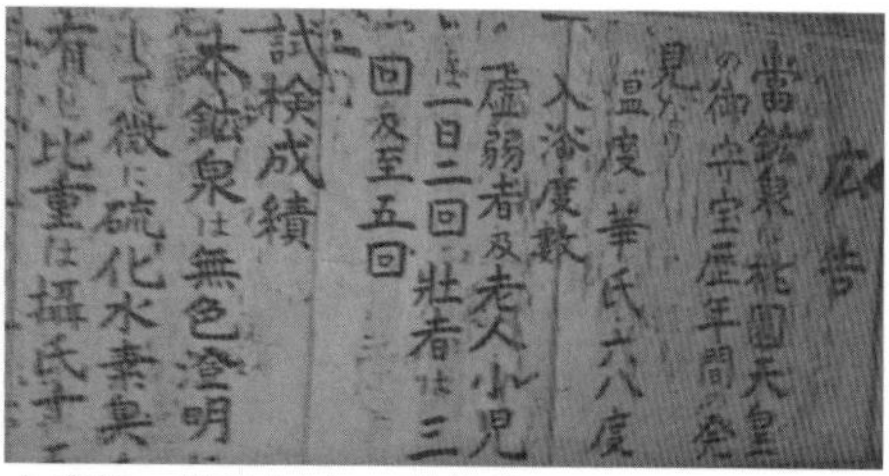


中盛館　明治以来の効能書

中盛館の湯舟

に唄う声が聞こえて来ると、不思議に雪がシトシト降ることもある、とおじじは話してくれた。その夜中の三味がとてもよいものだということだった。

（昭和四十七年五月十三日）

信越線の塚山駅で降りて荒瀬の村に行った。村の人は三日の朝がた、小国行きのバスに乗って行った、と話してくれた。私はその日は西谷の『しぶみ館』に泊まった。

（昭和四十七年九月四日）

私は西谷の湯治場に行った。おセキさんとミサオさん、手引きのおばさん、それに加藤イサさんという老瞽女さんが中盛館で湯治していた。イサさんは七十八歳で、六十五歳から七十一歳までおセキさんやミサオさんの岩田組に入ってさわいで歩いた。

もと深沢組の瞽女さんである。

（昭和四十八年一月二十日）

その後、橋本さんは三人に受け入れてもらえたようで、旅の途中で合流したり、一緒に瞽女宿に泊めてもらったりしながら写真を撮り、橋本照嵩写真集『瞽女』（昭和四十九年一月十五日発行　のら社）を出版した。

橋本氏の写真集の最後にある「私記瞽女さんとの旅日記」は、貴重なものだ。当時の三人の巡業の様子や受け入れる側の村人の心情がよく分かり、どこの瞽女宿に泊まったかも分かる。よき越後の情というものが伝わって来て、うらやましくなった。

高田でも下越地域でも現役の瞽女さんはもういなかったから、この三人の瞽女さんへの期待は大きかったようだ。写真家はもちろんだが、全国でも有名な小沢昭一氏や詩人の松永伍一氏も取材に来ている。この二人の対談も文章になって残されている。

小沢昭一、松永伍一氏の対談「へそから下の発想」には、この三人のことが記されている。

松永

「瞽女さんにしても、いまの若者は斎藤真一さんの絵をみて、わかったような気になって東京にいて〝わが内なる瞽女〟などという。（笑）瞽女の生き方は自身が農村の人間関係に入っていかなければわからない」

小沢

「長岡に三人だけ、いまもおそらく雪の中を歩いている〝現役の〟瞽女さんがいます。

ぼくはすごくりっぱだなという意味をこめて、愛称として〝くそばばア〟というんですがね。元気いっぱいだ。声も大きい。よく食べる。第一、すばしっこい。眼がみえないはずなのにね。海千山千というか、知恵にすぐれたお婆さんたちです」

また、森忠彦氏の「周辺記『照嵩さんと瞽女』」には、西谷鉱泉でのようすが記されている。

西谷の鉱泉宿のしぶみ館に湯治にきていた時だった。金子さんたちは、ほんと

湯本旅館

しぶみ館別館　湯舟

うに体を休めているのであった。一日に何回もぬるい鉱泉につかり、時々、手引きの関谷さんが魔法瓶のお湯をもらいに、階下に下りてくるだけであった。

瞽女さんはこのように湯治を目的にして、ゆっくりと何回も温泉につかり身体を休めているようすがわかる。この三人が湯治も兼ねて泊まっていたのが、前述のようにこの西谷鉱泉だ。今は「長岡市の奥座敷　西谷温泉」となっている。中盛館、しぶみ館別館、湯本旅館西谷鉱泉の三軒があったが、しぶみ館別館は残念ながら現在は休館となっている。湯本旅館は、今も「西谷鉱泉」の名前を使っている。

中静ミサオさんの実家が、旧越路町飯塚であるから、この西谷温泉で集合するのに都合がよかったようだ。越路町というと国民的歌手だった三波春夫氏の出身地である。旧小国町や小千谷市にも近い。源泉が二十度というから温めて使う。

小さな山に囲まれた静かな落ち着いた温泉宿だ。湯船もそんなに大きくはないが、逆に心が落ちつく。ゆったりと湯船に身体を沈めてみた。新潟県で最後まで瞽女の仕事を行った三人の元気な笑顔の声が聞こえてくるようだった。私も一度、しぶみ館で知り合いと一緒に長岡の金澤真美子さんを招いて、瞽女唄演奏会を行ったことがある。その湯もよかった。温泉につかれば「じょんのびだのう」と自然に声が出てくる。入れば極楽。間違いなし！

西谷鉱泉　長岡市

○泉質　弱アルカリ冷鉱泉　衛生上、ろ過、加温しているが加水はなし
　　　　湧出温度二十度くらい
○効能　切り傷・腰痛・アトピー・痔に特効があり
　　　　　　　　―中盛館ホームページより―
　　　　長岡市西谷四八〇
　　　　電話〇二五八―九四―二四一七

## 5　大湯温泉　魚沼市

「瞽女んぼさ、めずらしいでねえか、千円ふんぱつするんだが」と三条から来たという湯治客のかあちゃんが言った。
「ホホー、どうものう、すまねえのう」
と金子さんはうれしそうだった。中静さんは玄関のあがりかまちに腰を下ろして三味をひいた。金子さんと二人でかけあいで、「葛の葉子別れ」の口説きをやるのだった。

（橋本照嵩写真集『瞽女』より）

魚沼は豪雪地帯だ。一晩に一メートルも積もることがある。雪深い地域ゆえに、村々には伝統行儀も多く残っている。鳥追いなどもそうである。長い間雪に閉ざされる村人たちにとって、助け合いの精神はなくてはならないもの。それが人情深さに繋がるのだろう。

雪国に憧れる人も多い。写真家の濱谷浩氏は写真集『雪国』を出している。そこには、雪深い新潟県上越地域桑取谷の鳥追いなどの伝統行事などが収められている。また十日町市のホンヤラ洞で歌う子供たちや、節季市、六日町の十二山神まつりや祝い酒、浦佐の裸押し合い祭りなど魚沼地方の写真も多い。また、上越市高田の雁木《がんぎ》下をゆく瞽女の写真も収められている。

ホンヤラ洞で歌う子供たち
濱谷 浩『雪国』より

さて、冒頭の橋本氏の文章は、昭和四十七年九月十八日の記録だ。最後まで現役で瞽女業をやっていた金子セキさん、中静ミサオさん、手引きの関谷ハナさんの三人である。

彼女たちは、「大湯温泉の東

雲荘に荷をおいて栃尾又の湯治場をさわぎに行った」のである。そこには、お客が十人ほど集まってきたとあった。瞽女さんが温泉に来る目的に、温泉場ゆえに仕事がやり易いことが挙げられる。栃尾又温泉でも他の温泉場でも稼げる場であった。金子さんたちが泊まる場所は、大湯温泉の東雲荘。そしてまず稼ぐのは大湯温泉から三キロほど離れた栃尾又温泉。温泉客相手に歌うのだ。客も温泉気分で解放的になるから、祝儀もはずむ。お客も瞽女さんも共に嬉しいひと時である。

佐梨川沿いにある大湯温泉街

大湯温泉は、小出駅から約十三キロの所にある。途中には芋川温泉、折立温泉もある。大湯温泉の先には、栃尾又温泉とランプの宿で有名な駒の湯温泉がある。また、奥只見シルバーラインがあり奥只見湖から尾瀬への遊覧船も人気がある。

大湯温泉は、合併前の湯之谷村だ。日本百名山の越後駒ヶ岳から流れ来る清流、佐梨川に沿って両側に温泉宿が建ち並び、いかにも山間に建つ大きな温泉街という印象だ。高度経済成長期には、温泉街にはパチンコや射撃、ストリップ劇場まであった。

「大湯温泉旅館組合公式サイト新潟魚沼の大湯温泉」には、当時の様子が次のように記されている。

「下駄の音が朝まで鳴り響くという言葉が出来るほど賑わいを見せ、夜の発展の一途をたどった」

今は、静かな温泉街だが、開湯千三百年の歴史を持っている。

橋本氏の記録では、九月十四日に金子さんは瞽女宿として、湯之谷村字吉田の村「こうべいさ」、中静さんは「ふみぞうさん」手引きは「とうきちどん」に泊まったとある。また、翌十五日には、大沢の村の「そうしちさん」、「はんろくさん」、「みんどん」に泊まった。十六日は芋川の村で商売をして「さのすけさん」、「さばぐちさん」に泊まり、十七日は三人で一緒によなかいの村の「かねんどん」に泊まり、十八日にようやく大湯温泉に着いて東雲荘に泊まったのだ。何故三人一緒に瞽女宿へ泊まらないのかと疑問がわく。三人が別々に泊まるのは、受け入れ側の方が大変だからだ。食事やお風呂、寝る場所など大変なので、一人ひとりに分れて泊めてもらうのだ。十六日は二軒だから二人が一軒の瞽女宿へ、一人がもう一軒の瞽女宿に泊めてもらったのだろう。昭和四十七年の記録だから、なかなか瞽女さんたちを受け入れてくれる宿が少なくなった頃である。しかしながら、雪国のこの地域には、まだまだ情が残っていて瞽女さんを迎え入れてくれたのだ。

ようやくたどり着いた大湯温泉の東雲荘に荷物を置いて、温泉につかることもなくすぐに栃尾又温泉に出かけて唄を歌った瞽女さん。そこで仕事を終え、この大湯温泉にもどり、湯に入ったのだ。当然この大湯温泉でも仕事をしたはずだから演奏会の前に温泉につかり、身だしなみを整えたのだろう。

一日の疲れをいやしてくれる温泉。ゆっくりと大湯温泉につかってみた。共同浴場雪華の湯。落ち着きのある外観。身体を沈めれば、湯の香りとその効能が心身にしみ込んでくるようだ。心と体が共に再生してくる感覚となった。

三人の瞽女さんたちが、この大湯温泉の東雲荘に入って疲れをいやし、村人と世間話をしたことだろう。この人情あふれる大湯の地で。瞽女さんが泊まった東雲荘は残念ながら今はない。「源泉湯の宿かいり」の近くにあったという。目を閉じると温泉の中で、鳥追いで歌いながら歩く子どもたちの姿と、瞽女唄を歌う瞽女さんと、それに聞き入る村人たちの姿が重なり、それが動画のように動き始めた。『大湯温泉由来記』には、次のように記されていた。

養老二年、僧行基（行基菩薩）の開湯より千三百有余年の歴史ありし温泉。銀山道中、十一里二十町八箇所の宿場中、随一の湯量と泉質を持つ。江戸期、銀山最盛期には宿場の宿として栄えた歴史あり。明治以降は、近郷農民の湯治場として親しまれ、以後は越後一の温泉地、宿場として栄えたり。

共同浴場　雪華の湯

大湯温泉　魚沼市

○泉質　単純温泉（低張性、弱アルカリ性、高温泉）無色、
澄明、無臭、無味
泉温四十八・三度

○効能　筋肉若しくは関節の慢性的な痛み又はこわばり（関

節リウマチ・変形性関節症・腰痛症・神経痛・五十肩・打撲・捻挫などの慢性期）・運動麻痺における筋肉のこわばり・冷え性・末梢循環障害・胃腸機能の低下軽症高血圧・耐糖能異常（糖尿病）・軽い高コレステロール血症・軽い喘息又は肺気腫・痔の痛み・自律神経不安定症・ストレスによる諸症状（睡眠障害・うつ状態など）・病後回復期・疲労回復・健康増進

◇魚沼市観光協会　魚沼市吉田一一四四　電話〇二五―七九二―七三〇〇

## 6　栃尾又《とちおまた》温泉　自在館　魚沼市

大湯温泉から金子セキさんたちが歩いて栃尾又温泉に行き、湯治客に瞽女唄を歌った。大湯温泉の冒頭で栃尾又温泉でのやりとりの言葉を紹介した。温泉客相手に、

「玄関のあがりかまちに腰を下ろして三味をひいた。そして『葛の葉子別れ』を歌ったのだ。そして『ホー、どうものう、すまねえのう』と言ってお金を温泉客からいただいた」

おそらく瞽女さんたちは、ここで仕事を終えたら大湯温泉にすぐにもどったに違いない。瞽女さんたちは、こ

関谷ハナさん、金子セキさん、中静ミサオさんの3人。大湯温泉から歩いてこの栃尾又温泉に来て唄を歌った。1972年9月撮影　栃尾又温泉自在館
（写真　橋本照嵩）

現在も残る建物の前の著者
2022年7月撮影

の栃尾又温泉には入らなかったことになる。しかし、この栃尾又温泉は瞽女さんが瞽女唄を歌った場所であり、瞽女さんとかかわりが深い温泉なのであえて紹介することにした。

私が初めてこの温泉を訪れたのは、昭和五十年代。友人と二人で入ったのだが、当時はまだ混浴だった。お風呂に行くとおばあさんたちが湯船の縁にぎっしりと並びおしゃべりをしていた。二十代の私たちは恥ずかしさで言葉もだせず、さっと入るなり心臓をドキドキさせながら素早く退散した。だからその時の温泉の感想は、記憶にない。

二回目は六十歳で退職して、三泊四日の日程で初めて「湯治文学」と名付けてここに泊まった。温泉に入るとその静けさを実感できた。温泉に入りながら瞑想しているような感覚で、一人も会話をしない。中には湯の中で本を読む者もいる。つまり長湯する温泉なのだ。源泉が三十六度と低いから、いやおうなく長く入らないと温まらない。三十分などは短い方なのだろう。一時間も入る者がいる。冬場はその温度だと、温度が低いのでゆっくりと入った後、加熱した湯船につかってから上る。この温泉の成分がよい。全国でも有数のラジウム泉である。この泉質を求めて多くの人たちが全国から集まる。湯治客が多いと聞く。この宿での絶品は、岩魚の塩焼き。炭火で何時

うけづの湯　貸切　露天風呂

霊泉の湯　大浴場

間もかけてじっくりと焼き上げる。それ故、頭の先から尻尾の先まですべてをカリカリと食べることができた。こんな岩魚の塩焼きは初めてだ。ここに泊まると、この岩魚を必ず注文する。三泊するとプチ湯治気分になり、一日が温泉で始まり温泉で終わる。当たり前だが、すごく贅沢な気分になった気がする。温泉以外の時間は、詩を書いた。それも誰も書いたことがない剣道の詩。世に出るなんて思ってもいなかったが、温泉の効能なのか、瞽女さんのお陰なのか翌年東京の剣道とスポーツ社から『剣道みちすがら』となって世に出た。奇跡は起こるものである。瞽女力と温泉力は、何かとんでもない力を引き起こすエネルギーを秘めているものだ。長くゆっくりとラジウムの多いぬる湯につかり、じょんのびしていたら、「グーグー」と音が聞こえてきた。振り向くと隣の人がいびきをかいて、極楽顔で寝ていた。

玄関先に瞽女さんたちが来て、瞽女唄を歌うなら私も奮発して千円、いや今のお金なら三千円を出したい。旅館は現在三軒がある。自在館ホームページには次のように記されてある。

ぬる湯でじっくり長湯（持続湯）

見た目は無色透明で、何ら普通の温泉のような「ラジウム温泉」ですが、実はその薬効パワーは凄く「万病の湯」と言われています。温泉や空気中に含まれるラドンが細胞を活性化して免疫機能を整える（アンチエイジング）、新陳代謝もアップしデトックス効果が期待できます。三十六度の湯に一～二時間入るのが栃尾又温泉の伝統的な入浴法で、ぬる湯に長時間浸かる事で副交感神経に切り替わり体の緊張がほぐれます。更に温泉成分がじっくりゆっくりと体内に吸収されることにより、小さなお子様からご年配の方までやさしく作用してくれます。

宿の隣には、樹齢四百年といわれる杉や欅の大木に囲まれた「栃尾又薬師堂」がある。境内には「子持杉」や「夫婦欅」もあり、「キューピー」の絵馬などが奉納され、子宝祈願・お礼参りの人々が多く訪れるそうだ。
橋本氏の写真集には、栃尾又温泉に仕事に来た三人の瞽女さんの写真が収められていた。その建物は今も現存する、まさしくこの栃尾又温泉に瞽女さんが来ていたのだ。貴重な写真である。

栃尾又温泉　自在館　魚沼市

○泉質　放射能泉（単純放射能温泉）　低張性アルカリ性温泉
湧出温度二十八・五度
○効能　筋肉又は関節の慢性的な痛み又はこわばり（関節リウマチ・変形性関節症・腰痛症・神経痛・五十肩・打撲・捻挫などの慢性期）・運動麻痺における筋肉のこわばり・冷え性・末梢循環障害・胃腸機能の低下（胃がもたれる、腸にガスがたまるなど）・軽症高血圧、耐糖能異常（糖尿病）・軽い高コレステロール血症・軽い喘息又は肺気腫・痔の痛み・自律神経不安定症・ストレスによる諸症状（睡

眠障害・うつ状態など）・病後回復期・疲労回復・健康増進
―自在館公式ホームページより―
魚沼市栃尾又温泉
電話〇二五―七九二―二二一一

## 7　松之山温泉　玉城屋　十日町市

松之山温泉は、草津温泉、有馬温泉と並ぶ日本三大薬師湯として知られ、昔から多くの人が湯治客として訪れていた。山間部に位置していて、豪雪地としても有名である。婿投げや塞ノ神などの伝統行事が今も小正月に行われている。

この松之山温泉に、高田瞽女の杉本キクイさんたちが泊まっていた。

斎藤真一『越後瞽女日記』には、次のように記されている。

画・斎藤真一

松之山では瞽女さんのことを「ごぜんぼー」と呼んだ。瞽女さんが宿へつくと、「おまえさんたち、よく来たっけのー達者でえしたっけー早く上がってやすまっしゃれ…」
と言った。土産を子どもにもっていくと、
「みやげ、あっちゃすけに、なじょ、なじょ、ごっとうだのし…」と言って、「ちゃちゃ（女親方）おまえさんたち、疲れさっしゃたのし…くたびれて、いさっしゃるが…そんだにいっぱい歌わねえーとて、いいけのし…」といたわってくれた。

長い距離を歩いて来て疲れているから、歌は少しでもよいからゆっくり休んでほしいと、宿の人が瞽女さんをいたわっているのだ。でもきっと杉本さんたちは、これだけていねいに迎えてくれたのだから、本業の唄を精一杯歌ったことと想像する。瞽女宿と瞽女さんとの良好な関係が見て取れる。

豪雪地の東頸城郡には、高田瞽女の他に山瞽女や浜瞽女、柏崎の離れ瞽女なども来ていたという。離れ瞽女は瞽女の組合から去ったもので、一人で生きなければならなかった。「瞽女くずれ」ともいう。

東頸城の村々の人々は、いろいろな事情のある瞽女さんを受け入れていたのだ。

杉本さんたちが泊まった松之山温泉玉城屋で、次のようなエピソードが『越後瞽女日記』に記されている。


ある年、松之山温泉の玉木屋という宿に泊まったとき、ここの主人が親切で、ちょうどそのとき、長岡の瞽女たち四、五人が巡回に来ていたので、「うちに高田のごぜさんが泊まっているから、あんた達も泊まって行かっしゃれ…」と主人が言った。その日、座敷で唄をうたってから、いろいろ世間話をした。「おめえーさんたち、どうやっているだい…うちに旦那いるのかい…」ときいてきたから、「高田には旦那なんかいないよ…旦那を、持ったら大変なこった」と言ってやった。するとと彼女たちは「へえー固いけのしー」と言ってびっくりした。下越後（十日町や長岡方面）では旦那がいるのが普通で、上越後（高田方面）ではどうして旦那が持てないのか、不思議がっていた。（玉木屋―玉城屋が正しい）

このように高田瞽女のしきたりと別の生活様式を持つ瞽女さんとの違いがよく分かる。その後の文章では、下越後の瞽女さんは、旦那と一緒に二人で連れだって巡回し、決まった宿を持たないで商いだけを中心にやると記されている。高田瞽女は定宿をしっかりと持っている。

玉城屋のご主人は、瞽女さんたちを分け隔てせずに泊めてくれたのだ。雪国ゆえの、情け深さが伝わってくる。

高田瞽女の場合は、東頸城への旅は一年に二回行っていた。
①東頸城梅雨の旅（五月二十日〜六月十五日）
②東頸城秋の旅　（十月一日〜十月二十六日）
と日が決まっていた。それぞれがおよそ一カ月近い旅となる。梅雨の旅には桐油合羽を着て歩いたという。雨がしみ込まないための合羽だ。秋の旅には、梅雨の旅で立ち寄れなかった集落を必ず回ったという。

鷹の湯共同浴場

松之山温泉街

旧安塚町、旧大島村、旧松代町室野などを経て、松之山温泉に到着した。
湯本の松之山温泉玉城屋は、現在もしっかりと営業をしている。温泉街にある宿だ。当時は湯治宿だったが、近年、モダンな高級温泉宿となった。
松之山温泉に何回入ったことだろう。また立ち並ぶ宿のほとんどに宿泊した。さらに日帰り温泉の松之山温泉センター鷹の湯やナイスビュー湯の山も、何回入ったか分からないほどだ。ともかく熱くてしょっぱい温泉。しかし身体に長くその効能が残る。源泉が九十度というから驚きだ。熱すぎて入れないので水を入れたいが、湯船に入っているお爺さんにしかられそうなので我慢して入ることもある。
十日町市観光協会のホームページには、次のように温泉について記されている。

さかのぼること七百年前、一羽の鷹がいつも同じところに降り立つことから木こりに発見されたと言われる松之山温泉。その成分は「温泉」の条件となる温泉基準成分のなんと十五倍！古くから湯治場として親しまれ、訪れる人を癒してきた秘湯。松之山温泉のお湯は、なめるとしょっぱい。あまりに高い塩分濃度は、温泉の注ぎ口に塩の結晶がつくことがあるほど。この温泉の正体は、一千万年以上前に地中に閉じ込められた「化石海水」。

共同浴場の鷹の湯に身体を沈めてみた。熱さをがまんして「えい！」と肩まで入った。温泉をなめてみるとやはりしょっぱい。海水を感じる。一千万年前の海水が温泉となって湧き出ていると思えば、瞽女さんたちが来ていた時代などほんのすぐそこだ。宿の人の心温まる出迎えと気づかい。こんな人と人との関係の良さも、近年まであったのだ。この関係を保って人の世を送れれば、「人間世界もよいものだ」と生意気なことを考えていたら、熱くて我慢できずに湯船から上がった。そして冷気通う露天風呂につかった。瞽女さんたちが入った松之山温泉。さあ、どうぞ。

松之山温泉　玉城屋　十日町

○泉質　ナトリウム・カルシウム―塩化物泉（弱アルカリ性）
　　源泉温度九十度以上

○効能　切り傷・やけど・慢性皮膚病・虚弱児童・冷え性・慢性婦人病など

―松之山ドットコムホームページより―

◇玉城屋　十日町市松之山湯本一三　電話〇二五―五九六―二〇五七

◇松之山観光協会　十日町市松之山一二一二―二　電話〇二五―五九五―三〇一一

## 8 兎口《うさぎくち》温泉　庚申《こうしん》の湯　植木屋旅館　十日町市

松之山温泉から離れた高台に建つ一軒宿。この植木屋旅館にも高田瞽女が来ていた。かつてそのことをご主人に尋ねたときに、おそらくそれは明治の頃ではないかとの返答だった。『越後瞽女日記』には、しっかりと植木屋の名前が瞽女宿として記録してある。

この宿は、松之山温泉の源泉九十度以上とは違い、ぬる湯である。これを湧き続ける天然ガスで温めている。それだから二十四時間いつでも快適に温泉につかることができる。宿側も燃料費がかからない。糸魚川市能生の島道鉱泉と同じ方法だ。

趣のある建物の中に入ると、明治の頃にタイムスリップする。黒光りした床、大きな柱時計。そして、湯船は小さいが天井が高く、いかにも湯治場らしく心が落ちつく。褐色がかった湯がこんこんと木枠の湯船から流れ続けていた。かけ流しで私の大好きな温泉の一つだった。今、瞽女さんがこの湯に入っていても少しもおかしくない感覚だ。木枠の湯船は、どうしてこんなにも落ち着くのだろうか。湯船は二つ並び、最初の一つはやや熱めで、もう一つは温めの湯である。ここに身体を沈めれば、もう極楽・極楽。すると隣の女性風呂から、豪快な笑い声が響いてきた。女性はいつも健康的だなと思う。瞽女さんも女性だ。高い天井は、古い温泉場にある共同浴場のような趣がある。明治の頃に、瞽女さんたちもこの湯につかっていたのだ。

『越後瞽女日記』には、

兎口　十五町　温泉（植木旅館）植木常吉（明治二十九生）中気、植木シゲノ（明治二十八生）

と記されてある。

瞽女さんたちが宿に心置きなく過ごすためには、迎える側の心持ちが大切になってくる。今のおかみさんも、まさに迎える側の心を知る人だ。何気ない世間話をしながら、快くくつろがせてくれる術を知っていらした。いつも笑顔で接して下さった。私は一人で、そして友人たちとこの植木屋旅館へ何度お世話になったことだろう。

宿の近くには、池がありその中を錦鯉や黒鯉が悠々と泳いでいる。今は希少になったトノサマガエルも昔のようにたくさんいて、「ケロケロケロ」と鳴きやまない。夕食には、鯉こくが出ることが多く絶品だった。

その温泉の効能は、アトピー性皮膚炎の改善があげられる。アトピー性皮膚炎に効くということで、お客が温泉水をペットボトルやポリタンクに詰めて持ち帰る人も多かった。ナトリウムが多く含まれているからだろうか。

気に入った場所を、「第二のふるさとです」とか「心のふるさとになりました」などと言うが、まさにこの植木屋旅館はそんな温泉宿の一軒である。それゆえ、リピーターが多かった。

松之山小学校側のブナ林には、無頼派の作家—『堕落論』で知られる坂口安吾の大きな文学碑がある。そこには松之山を舞台にした作品『黒谷村』の冒頭の一文が刻まれている。

夏が来て
あのうらうらと
浮く綿のような
雲を見ると

坂口安吾文学碑

## 山岳へ浸らずにはいられない

安吾は松之山を舞台にした作品をいくつか書いている。その中の『逃げたい心』には、次のように兎口温泉のことが書かれてある。

長野から三四時間の旅程で、すでに越後の温泉であるが、信越国境を越えてまもない山のどん底に、松之山温泉というものがある。単に山底というばかりで特別奇も変もない風景であるが、松山鏡の伝説の地と伝えられているところで全く都人士の訪う者がない。そのくせ奈良朝の頃には京と奥州を結ぶ道筋に当たっていたところで、大伴家持が住んだと伝えられる土地もあり、言葉や柔和な風習などにも多分に京の名残りがあって、交通の不便な頃は却って賑やかな温泉であった。松の山温泉から一里はなれた山中に兎口という部落があり、そこでは谷底の松の山温泉と反対に、見晴らしのひらけた高台に湯のわく所があった。

植木屋　兎口温泉庚申の湯

植木屋

「見晴らしのひらけた高台に湯のわく所があった」――この場所こそが、この植木屋旅館である。安吾は松之山温泉、湯山、兎口などをよく散歩していたという。もしかしたら安吾も、この植木屋旅館の温泉につかったかもしれない。いつまでも残しておきたい兎口温泉。植木屋旅館。瞽女さんたちが入った兎口温泉。しかし、残念ながらこの愛すべき温泉は平成二十九年に廃業となってしまった。真に惜しいことである。雪深い地の人情が紡いだ瞽女さんと松之山、兎口温泉。せめて心の中にずっと残しておきたい温泉である。

兎口温泉　庚申の湯　植木屋旅館　十日町市

○泉質　ナトリウム―塩化物強塩泉

三十五・七度

○効能　リウマチ・神経炎・筋肉痛・創傷・痛風・関節痛・五十肩・火傷・皮膚病・婦人病他

◇植木屋旅館　十日町市松之山兎口七五六―三

## 9　越後湯沢温泉　南魚沼郡湯沢町

国境の長いトンネルを抜けると雪国であった。夜の底が白くなった。

あまりに有名な川端康成の『雪国』の冒頭。でも今の若い人にはあまり縁がないのかも知れない。

湯沢温泉の中心街には「湯沢町歴史民俗資料館雪国館」がある。そのパンフレットには、次のように記されている。

雪国を舞台として描かれた川端康成の小説『雪国』。そこに描かれた世界は当時の雪国・湯沢を知ることでより深く、よりリアルに感じられます。小説『雪国』ゆかりのものから雪国・湯沢の暮らしまで、さまざまな展示を通して、物語の世界をお楽しみください。

雪国湯沢の暮らしを知ってもらうことで、『雪国』の世界をより深く理解してほしいのだろう。この会館には、雪国の生活用品も展示してあり楽しめる。

小説『雪国』には、盲目の按摩さんが登場する。

「君は弾くんだろう」

「はい。九つの時から二十まで習いましたけど、亭主を持ってから、もう十五年も鳴らしません」

盲は年より若く見えるものであろうかと島村は思いながら、

「小さい時に稽古したのは確かだね」

「手はすっかり按摩になってしまいましたけど、耳はあいております。こうやって芸者衆の三味線を聞いてますと、じれったくなったりして、はい、昔の自分のような気がするんでございましょうね」


盲目で三味線の稽古といえば、瞽女さんを連想してしまう。この按摩さんも九歳からの稽古だから、ますます瞽女さんを想像する。当時盲目の人は、按摩さんになるか瞽女さんになるかの選択しかなかったという。三味線の稽古をやったから、瞽女さんになろうとしたのかもしれない。

『雪国』には、温泉の場面が実に多く登場する。

「スキイの季節前の温泉宿は最も客の少ない時で、島村が内湯から上がって来ると、もうまったく寝静まっていた」

「温まるので名高い温泉に毎日入っているし、旧温泉と新温泉の間をお座敷通いすれば一里も歩くわけになるし（略）」

「共同湯に入ってるわ、三人」

「湯から溢れる湯を俄づくりの溝で宿の壁沿いにめぐらせてあるが、玄関先では浅い泉水のように拡がっていた」（注・温泉を、雪消しに利用している）

雪国館には『雪国』が執筆された様子が、次のように記されていた。

「巻頭の一節、文豪川端康成先生の名作『雪国』は高半「かすみの間」で、昭和九年の晩秋から昭和十二年にかけて書かれたもので、当時の寂しい「雪国の宿」高半で島村と芸者駒子の悲恋物語が詩のような美しい文章で書かれております。

「かすみの間」は、いまも現存しており見学することができる。この高半ホテルの近くには、『雪国』にかかわりのある共同浴場の「山の湯」や「駒子の湯」などがある。もちろん「駒子の湯」は、その名前の通り駒子にちなんだ名前である。

「山の湯」の説明には、

越後湯沢で一番古い共同浴場。川端康成が小説『雪国』を執筆した旅館に程近く、康成自身も利用したといわれています。こじんまりした湯船は五〜六人でいっぱいになってしまいますが、情緒は満点です。

二居　宿場の湯

山の湯

とある。浴場は高台にあった。車で行くと慣れない急坂を上るので、あわててしまうほどだ。

先に引用した

「共同湯に入ってるわ、三人」

の共同湯とは、おそらくこの「山の湯」だろう。中に入ると、温泉が浴槽に管から流れ落ちていて、湯船からあふれ続けている。もちろんかけ流し一〇〇パーセントの温泉だ。肩までつかると、湯がさらに湯船からザザーとあふれ落ち温泉の成分が心身に染み入って来た。

「いい温泉だ」

と思わず声が出た。身体に良い、心に良い、精神に良いからだろう。ほのかな硫黄の香りと成分が身体をやさしく包み込んだ。川端康成も盲目の按摩さん（瞽女さん？）も入ったであろう温泉。『雪国』の世界を思いながら湯につかった。

この山の湯は、地元では「やまんぼちゃ」と呼ばれ、親しまれているそうだ。越後瞽女は、上州や関東までも足をのばして、仕事をしていた。鈴木昭英氏の『越後瞽女ものがたり　盲目旅芸人の実像』には、次のように書かれてある。

上州働きのときは、門付けはせず、五里歩いて昼食を食べ、五里歩いて宿に泊まる。安旅籠屋やお湯屋に泊まることもあるし、親しくしている民家に泊まることもある。それより三俣、二居、浅貝の宿を通って三国峠の急坂を登ることになるが、その日のうちに上州へ越せない人が泊まる旅籠屋が二居の宿にある。タケさんらは「林家」を常宿としていた。

タケさんとは、刈羽瞽女の伊平タケさんのこと。日本人名大辞典には、

明治十九年一月三十日生まれ。五歳のとき失明。武田ヨシ・小林ワカの弟子となり・九歳から各地を巡業。二十二歳で親方の資格を得・二十七歳で結婚。昭和二年ラジオ放送に出演三年レコードの吹き込みをする。四十五年選択無形文化財

保持者。昭和五十二年二月二十四日死去。九十一歳。新潟県出身。旧姓は丸山。
本名はソイ。

とある。

越後瞽女が上州まで行っていたことが分かる。そして途中三国の二居の宿を定宿としていたのである。伊平タケさんが歌をまとめたCD「しかたなしの極楽」を聴くと、その歌と語りに何とこうも明るいものかと驚いてしまう。その明るさに救われる気がする。それ故、上州へも歩いていけるのかなと思う。CDの中では、雪の坂をソリのようにお尻で滑り降りる話もあり、思わず笑ってしまった。

伊平タケさんたちが泊まった二居の定宿。この宿とは、湯沢町二居（三国）の林家旅館（現在は林屋ともいう）。電話で尋ねると、明治の頃から営業している宿だという。間違いなく伊平タケさんたちが泊まった宿である。「お湯屋に泊まることもある」のだが、この宿は温泉宿ではなかったが――。

今は二居に共同浴場の「宿場の湯」がある。越後瞽女は、こうして上州への旅の途中に温泉宿にも泊まっていたのだ。

越後湯沢温泉　南魚沼郡湯沢町

湯元共同浴場　山の湯
南魚沼郡湯沢町大字湯沢九三〇　電話〇二五―七八四―二二四六
○泉質　単純硫黄温泉（低張性アルカリ性高温泉）
○効能　神経痛・筋肉痛・冷え性・慢性消化器病など

三国街道二居宿　宿場の湯
南魚沼郡湯沢町大字三国五三七　電話〇二五―七八九―五八五五
○泉質　単純温泉（低張性弱アルカリ性高温泉）
○効能　神経痛・筋肉痛・五十肩・関節痛など

―越後湯沢温泉外湯めぐりより―

三章　新潟県

# 上越地域の温泉

# 10　島道《しまみち》鉱泉　糸魚川市

湯につかり目を閉じると瞽女唄が聴こえてきた。

島道鉱泉と発音するとなぜかなつかしさを覚え、訪ねてみたくなった。能生《のう》谷は高田瞽女と縁が深い所だ。能生川を左に見ながら車を走らせると、杉木立に囲まれた一軒宿が見えてきた。そして最後の険しい坂道を上ると、島道鉱泉に到着する。

歴史を重ねたこの建物は、いかにも瞽女宿という風格で、今でも瞽女さんたちの歌が聴こえてきそうだ。目が視《み》えない瞽女さんたちがこの宿をめざして歩き、急坂を上ってきたことを想像するだけで心が熱くなってきた。瞽女さんたちは、海側の能生からいきなりこの島道鉱泉へやって来たわけではない。途中で何軒かの瞽女宿に泊まり、

仕事をしながら順番にやって来たのだ。島道鉱泉手前の平という集落の瞽女宿は半九郎、そして次の宿は島道集落の杉田という屋号の宿であった。

この島道鉱泉は、最初から瞽女宿であったわけではない。戦争が始まると瞽女さんを泊める宿がだんだんと少なくなってきた。そのことを聞いた宿の人が「ここに泊まればいいよ」と言ってくれた。宿の能登一枝さん（当時八十八歳）に、杉山幸子さんが尋ねた時のことが次のように記されてある。

この家は大正十四年に建てたがやけも、瞽女さは戦時中だったか、村外れへ麻を作りに行っていたら門付けにござらっしゃってのう。どこへ行っても宿を断られるって言っとったがで、おら家にくれば温泉もあるし、いつでもござらっしゃえって言ってから来たがや

（杉山幸子『瞽女さん　高田瞽女の心を求めて』）

戦時中になって瞽女宿がなかなか叶わない中、このように瞽女宿になったところもあったのだ。もしかしたら島道の杉田という瞽女宿が使えなくなり、ここに来たのか

もしれない。

『越後瞽女日記』には、次のように記されている。

鉱泉までの山道はけわしい。途中うつぎの花がいっぱい咲いていた。（略）鉱泉には、春過ぎになると、山うど、こごめ、あけびづる、鳥足、銀ぶき、わらび等、山菜が非常に多かった。わたしたちは山菜が大好物で静かな、夜の温泉が一番好きだった。（略）島道鉱泉の奥さんは、わたしが行くと、いつも手のひらにお灸をすえてくれた。お灸も神経痛にたいへん良いとか。

ここの宿のご厚意で杉本キクイ、シズ、難波コトミさんの三人は、その後この鉱泉宿にお世話になることになった。そしてこの宿の住人と村人を愛したのだ。

斎藤真一は杉本キクイさんたちと一緒にこの鉱泉宿に来ている。昭和四十四年五月二十五日とある。（『木村東介様　瞽女の画家・斎藤真一からの手紙』）

そこでは、鉱泉宿のことが次のように記されている。

天然ガスでわかした湯が広い湯舟にコンコンとあふれ澄みきっています。湯につかると天井がべらぼうに高い湯殿です。裸電球が天井の奥にポツンと一つだけでまことに暗いです。

また、瞽女さんと村人との結びつきを、

島道の部落の人がこの宿に登って来て、囲炉裏をかこんで明治、大正の数々の歌を十一時近くまで歌って、何とこんなににぎやかな人間と人間の結びつきのようなものを感じたこと、今迄一度も味わったことがありません。瞽女さんがどんなに人々に結びついて来たものか！人々と平和に過して来たか、今ほど強く実感したことはありません。

と、記している。

さらに、

鄙びた一軒屋の実に静かな宿で杉本ゴゼさんも若い時から、この宿を常宿にしている懐かしい所です。昨年一度まいりましたが、とても宿の主人、奥さんがいい方で、それに話せる人々が一ぱいあつまって実に楽しい一夜でした。

とあり、人情あふれる宿のことが記されている。（昭和四十四年五月十九日付）
島道鉱泉ホームページの「建物の紹介」では、次のように記されている。

津軽三味線の源流、三味線と歌唄いで芸をする盲目の女性、瞽女（ごぜ）の仕事場でもあり、宿場でした。現役を引退してからも足しげく通った瞽女の方々の湯治場でもありました。新潟県上越市高田地区の瞽女ミュージアムで放映されているドキュメンタリー映画（大島渚監督 プロデューサー制作）の中に、島道鉱泉で仕事をしている瞽女（ごぜ）の方々、島道鉱泉の家屋が、映像に残されています。瞽女（ごぜ）の方々の弾く三味線の響きと独特な唄い回しは、心を揺さぶられ染み渡ると絶賛されているほど名高い技術でした。また、その技術を磨くことが瞽女（ごぜ）の方々の生きて行く唯一の術（すべ）でした。

これを読むとキクイさんたちは、島道鉱泉を湯治場としても利用していたことが分かる。キクイさんたちも温泉が大好きだったようだ。

この温泉につかると、身体も心も温まって来た。湯船は大きくはないが、当時そのままの湯船だという。運よく他の入浴客がいなかったので、奥様が、

「男女どちらの浴槽でもいいですよ」

と言って下さった。連れの渡辺聡氏と一緒に欲張って両方の湯船に身体を沈めること

島道鉱泉建物

鉱泉の源泉が流れ続けている

キクイさんたちが入っていた女性風呂　透明な青みがかった湯が浴槽から流れ続けていた

ができた。腰よりも深くて最初は驚いてしまった。湯船に源泉が流れ出ている。透明な湯だが、湯船の中の湯が青く輝いているように見えた。天上を見ると斎藤真一が言った、

「湯につかると天井がべらぼうに高い湯殿です」

の言葉そのままに、今も高い天井であった。透明な湯が湯船から流れ出ている。かけ流しの秘湯が好きなマニアなら、きっと満足するだろう。湯船の隣には、タイルでできた四角い水ための中に沸かさない源泉が常時流れ出ていた。一軒宿の鉱泉宿。

この湯船に、キクイ、シズ、コトミさんもここでのんびりとつかったのだ。斎藤真一画伯も。そして私も。温泉につかることのできる幸せを感じながら。

沢山の村人がこの鉱泉宿に集まり、キクイさんたちの瞽女唄を聴いて心を和《なご》ませた。そして世間話にも花が咲いた。村人たちは、長い冬をじっと耐えて、春を待っていたのだ。そして瞽女さんたちを待っていたのだ。温泉は心を広げ、人と人とを結び付ける。

この温泉は、鉱泉だ。十六度の冷鉱泉だという。それ故、沸かさなければならないが、幸いなことにここは天然ガスが絶えることなく湧いてくる。もう百年近くも燃え続けているという。これを燃料にしているから、燃料代はかからない。『越後の湯』(朝

日新聞社新潟支局・昭和六十三年発行）の島道鉱泉の説明には、

明治の初め、主人の能登清治さん（八十一）の祖父が鉾ヶ岳の岩盤から噴き出す鉱泉を見つけたのが始まり。今も四〇〇メートル奥からパイプで引き、燃料には天然ガスを使っている

と記されている。

宿は大正十二年に創業とある。温泉は今もかけ流しとなって湯船から流れ続け、当時を偲ばせてくれる。

キクイさんたちが演奏会を開き村人が聴き入った居間も残っているという。建物も内部も当時を想像するのに十分だ。キクイさんは、昭和三十九年に旅を止めた。止めた後も、この鉱泉につかりに昭和四十年代までここに来ていたのだろう。

奥様から、当時の茶の間を見せていただいた。囲炉裏があり、ここで瞽女さんたちと村人とが集って瞽女唄を歌い、世間話に花が咲いたと思うと胸がいっぱいになってきた。

瞽女さんたちがかつて泊まったこの建物は、百年以上の歴史を持ち、（平成三十年）には糸魚川市の有形文化財に指定された。鉾ヶ岳（一三一六メートル）の登山口にあたり、登山客の利用もあるとのこと。瞽女さんたちの姿と唄を想像しながら入るこの島道鉱泉は、秘湯気分を十分に満喫できる。

瞽女さんの入った温泉に入ればじょんのび、じょんのび。

島道鉱泉　糸魚川市

○泉質　硫黄泉
　十六度の冷鉱泉　天然ガスで沸かす
○効能　あせも・切り傷・吹き出物など
◇島道鉱泉　糸魚川市島道三五四一番地四七　電話〇二五―五六六―二七一七　陸道能生ＩＣから車で約二十分、ＪＲ能生駅利用

# 11　笹倉温泉　龍雲荘　糸魚川市

恋しくば　訪ねて来てみよ　土倉へ
土地が平らでアラ水清い
越後の富士のヨッコラ焼山を
軒ばに眺めて野良仕事――土倉の村人の作

（斎藤真一『越後瞽女日記』より）

道路に沿って家々が続く早川谷の下早川地域には、藤の名所として知られる「月不見《つきみ ずの》の池《いけ》」がある。
ここからさらに上流を目指して車を進めると、拓けた場所に集落が見えてきた。かやぶき屋根にトタンをかぶせた懐かしい家々が建っていた。西の方には、焼山と火打山、雨飾山が見える。山間部なのに周囲には田んぼや畑が広がっていた。そこを通過すると焼山温泉の看板が見えてきて、その大きな建物が目に入る。しかしながら、焼山温泉は、令和元年に廃業となった。

そこから、しばらく上方に車を走らせると、一軒宿の笹倉温泉龍雲荘が見えてきた。宿には露天風呂もあり、そのすべすべとした泉質は定評があり、この温泉の人気の一つでもある。日本秘湯の会の宿で、昔からここを目ざして湯治客が集まった。雪の頃なら、露天風呂に置かれてあるスゲ笠をかぶり湯につかるのもおつなものだ。都会人にはたまらない風情だろう。スゲ笠は、糸魚川市能生地区の西飛山で作られている。材料となるスゲを雪にさらしてから編み込むと、丈夫な笠になるという。

そういえば高田瞽女がかぶった褄折笠《つまおりがさ》は、能生の特産品であり、瞽女笠あるいは饅頭笠ともいった。高田瞽女の旅姿の特徴は、この饅頭笠にあると言ってよい。長岡瞽女は一般的な笠である。

笹倉温泉の歴史を読むと、江戸時代中期に開湯し、大正三年の洪水で大打撃を受けたが、再び湯を掘り出したという。昭和になると電力発電の保養所となり、その後、温泉旅館となった。昭和四十九年の焼山大噴火の折には、二メートル以上の岩が濁流

饅頭笠で歩く瞽女さん

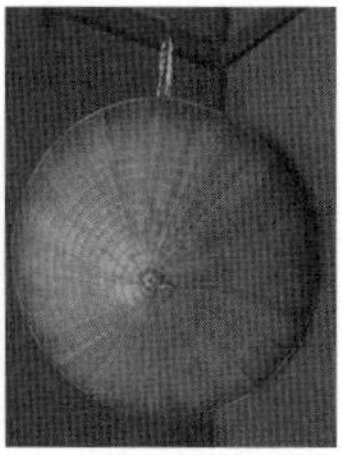

高田瞽女使用の
褄折笠

露天風呂　龍雲の湯

と一緒に押し寄せて源泉が埋まってしまったという。また、幾たびかの洪水にも悩まされた歴史がある。その試練を超えて、今の笹倉温泉がある。

冒頭の歌は、笹倉温泉の手前にある土倉という集落を舞台にしたものである。この歌のように土倉は、実際に土地が平らで田畑が広がっている。『越後瞽女日記』の地図を見ると、梶屋敷からこの笹倉温泉に着くまでに、何軒もの瞽女宿が記されてある。かつて土倉にあった瞽女宿は、甚十郎新屋。また中川原新田には善右衛門新屋と呼ばれた瞽女宿、湯川内には万ざと呼ばれた瞽女宿があった。湯川内の集落を過ぎれば、最後の宿泊場所が、この笹倉温泉である。ここにたどり着くまで、各々の集落に杉本キクイさんたちは立ち寄り門付け唄を歌い、夜は村人が集まる瞽女宿で瞽女唄を歌ったのだ。『越後瞽女日記』の地図には、笹倉温泉が温泉宿としてしっかりと記されてあった。

斎藤真一の《笹倉の湯》の画を見ると、三人の瞽女さんが温泉につかっている。もちろん場所は、題名のとおり笹倉温泉だ。温泉の窓から見える空も温泉の灯りも壁の色も赤く、そして二人の瞽女さんは髪を洗い一人が湯船につかっている。オレンジの火を噴く焼山はやや白く描かれ、温泉側を流れる早川も白い線でその流れを表現している。現在の笹倉温泉も浴室がある方に早川が流れ続けている。この温泉につかってみれば、画伯のこの画がよく理解できるだろう。特に陶器でできた円い千寿の湯の露天風呂につかれば、すぐ側が早川でその流れる音が聞こえてくる。瞽女さんが温泉に入っている画は、この笹倉温泉を題材にした《笹倉の湯》、《焼山》がある。また、場所が特定できない《山の湯》や《風呂》などを含め数枚しかないのではないだろうか。そうすると、《笹倉の湯》は、瞽女さんの温泉入浴画として貴重なものといえるだろう。

笹倉温泉が、瞽女宿となっていた。ここで瞽女さんは、温泉のお客や村人に唄を歌ったのだ。そして旅で疲れた心身をいやしたのだろう。

斎藤真一『瞽女―盲目の旅芸人』には、笹倉温泉について次の記述がある。

陶器露天風呂　千寿の湯　右側に早川が流れている

山の湯　画・斎藤真一

笹倉の湯　画・斎藤真一

早川谷は深い谷なんです。雪も深くて、一番奥の笹倉温泉は川の水がお湯なんですよ。いい湯で、ここでは二晩も三晩も身体を休めました。唄をうたえば、宿賃など取らなかったです。

杉本キクイさんの言葉だ。

笹倉温泉に入った瞽女さんたち。その温泉は、今もこんこんと湧き流れ続けている。早速、温泉につかった。内湯、露天風呂、寝湯などいくつもの温泉が魅力だ。すべすべした源泉かけ流しの温泉に、瞽女さんも入っていたと思うと何だかこの温泉が愛おしくなって来た。そして「ああ、じょんのび、じょんのび」

笹倉温泉までの行程と瞽女宿
斎藤真一『越後瞽女日記』より

と声が自然に湧きでてきた。早川の流れの音も心地よい。瞽女さんたちが笹倉温泉に来ていた頃は、露天風呂などなかっただろうが、大自然と一体になってスゲ笠を頭に乗せて温泉に入るのも一興である。瞽女さんが歌う祭文松坂には、「焼山巡礼」がある。

笹倉温泉　龍雲荘　糸魚川市

○泉質　ナトリウム炭酸水素塩泉　重曹泉
　源泉湧出温度五十度〜六十三度
○温泉　慢性皮膚病・神経痛・関節痛・筋肉痛・婦人病・疲労回復など
　　　　　　　　　　　　　　　　　　―龍雲荘公式ホームページより―
　　　　　　　　　　　　　　　　　　糸魚川市大平五八〇四
　　　　　　　　　　　　　　　　　　電話〇二五―五五九―二二一一

## 12 赤倉温泉　清水屋　妙高市

赤倉温泉は、平成二十八年に開湯二百年を迎えた。妙高戸隠連山国立公園内にある風情ある温泉街だ。標高七〇〇メートルに位置する赤倉温泉は、明治、大正、昭和の初めに多くの文人が訪れた。尾崎紅葉、徳富蘆花、田山花袋、与謝野晶子、与謝野鉄幹、画家では岡倉天心や小杉放菴、岡本太郎などがその風景の美しさに驚嘆した。スキー場もあり別荘地としても全国に名を馳せ、大正五年には全国避暑地投票で第一位に当選した温泉地である。

瞽女さんと赤倉温泉の話に入る前に、まずこの温泉地と関係がある文人の文章を紹介する。

明治の文豪、尾崎紅葉は明治三十二年『煙霞療養《えんかりようよう》』の中で、

「おそらく湯治場としての日本一」、「およそ己の知る限りに、ここほど山水の勝を占

めた温泉場はない」

と絶賛している。

また、同じく小説家の田山花袋も『温泉』の中で、

「山の温泉の持った高原で、こうした明るい美しい高原は他にあるだろうかと私は思いながら歩いた」、「ここは那須にもまけない」

と、これまた同じように絶賛している。

尾崎紅葉が投宿した香嶽楼《こうがくろう》には、与謝野晶子、与謝野鉄幹、有島武郎等が訪れている。その頃の香嶽楼の窓からは、まだ木々が小さく佐渡島が見えたという。

令和元年、池の平のいもり池のほとりに、晶子のりっぱな歌碑が建立された。池の平では、二つ目の歌碑である。赤倉温泉は、今は温泉ソムリエ発祥の地としてもその存在感を示している。文人が宿泊した香嶽楼や池の平で作られた句や歌などを紹介する。

涼風の吾が眉太し佐渡ヶ島　　尾崎紅葉
「そら佐渡が見える」こう言って私は指差した　　田山花袋

いもり池の歌碑

池の平観光案内所前の歌碑

赤き人アダム浴びよと赤倉の温泉《いでゆ》わかして待ちけるは誰　徳富蘆花
たおやかに香嶽桜の軒にきぬ朝の光りをふくみたる霧　与謝野晶子
硫黄の香桶より洩るるに導かれ楽山荘へ帰る夕ぐれ　与謝野晶子
白樺の林の中に蟲鳴きて池の平の月夜となりぬ　与謝野晶子
山荘のかがりは二つ妙高の左の肩に金星とまる　与謝野晶子

さて、赤倉温泉と瞽女との関係は深かった。赤倉カツという瞽女がこの赤倉温泉の出身であった。赤倉温泉の吉野家で生まれたカツさんは、幼くして目が見えなくなり、杉本家に養女に出されて瞽女となった。美人で唄もうまい瞽女であったという。吉野家はその後、没落してしまったが、カツさんが杉本家の養女になるまでは、家の温泉に入っていたことだろう。（赤倉出身だから、赤倉カツと呼ばれるようになった。）

瞽女には、男と交わってはならない厳しい掟がある。しかしカツは生家のやさしかった父親の死後、その虚無感からか生きる張り合いをなくし旅に気を紛らせた。カツさんは美人故に旅先などで男に口説かれ、父親が誰だか分からない子どもも含め四人も産んだ。本来なら離れ瞽女にならなければならない運命にあったが、マセ親方の配慮でそれにならずに済んだ。奇跡的なことだ。カツさんは四十四歳の若さで旅の途中に、現上越市中郷区の岡沢で亡くなった。死因はスペイン風邪と言われている。

温泉宿に生まれた赤倉カツ。斎藤真一画伯は、カツの生涯に心打たれ《赤倉瞽女賛歌》、《カツの恋》、《赤倉瞽女の旅姿》、《赤倉瞽女》、《赤倉瞽女の死》など魂を込めて描いた。また《赤倉瞽女物語絵巻》には、カツの生涯が描かれている。十三メートルにも及ぶ画伯最大の絵巻である。現在《赤倉瞽女の死》は、瞽女ミュージアム高田が所有している。

写真図は当時の赤倉温泉の旅館の並びである。右の一番上がカツさんの生まれた「よしのや」で、左の上から二番目の「清水屋」は、杉本キクイさんたちが泊まっていた宿である。斎藤真一が木村東介宛ての手紙には、

「赤倉はまだ私は一度も行ったことが無くて、杉本さんのお母さん、赤倉瞽女の出身の地でもあり、古い宿で清水屋さんが昔からなじみだそうでそこに参ることにきめたわけです」

「清水屋の亡くなられた（嘉永年間に生まれた）ハツおばあさんのまだ元気であったころからキクエさんは信州に出かける途中この宿によく来たようです」

（昭和四十四年七月三十日）

とある。キクイさんたちは、赤倉温泉の清水屋に泊まっていたのだ。また『越後瞽女日記』には、次のように記されている。

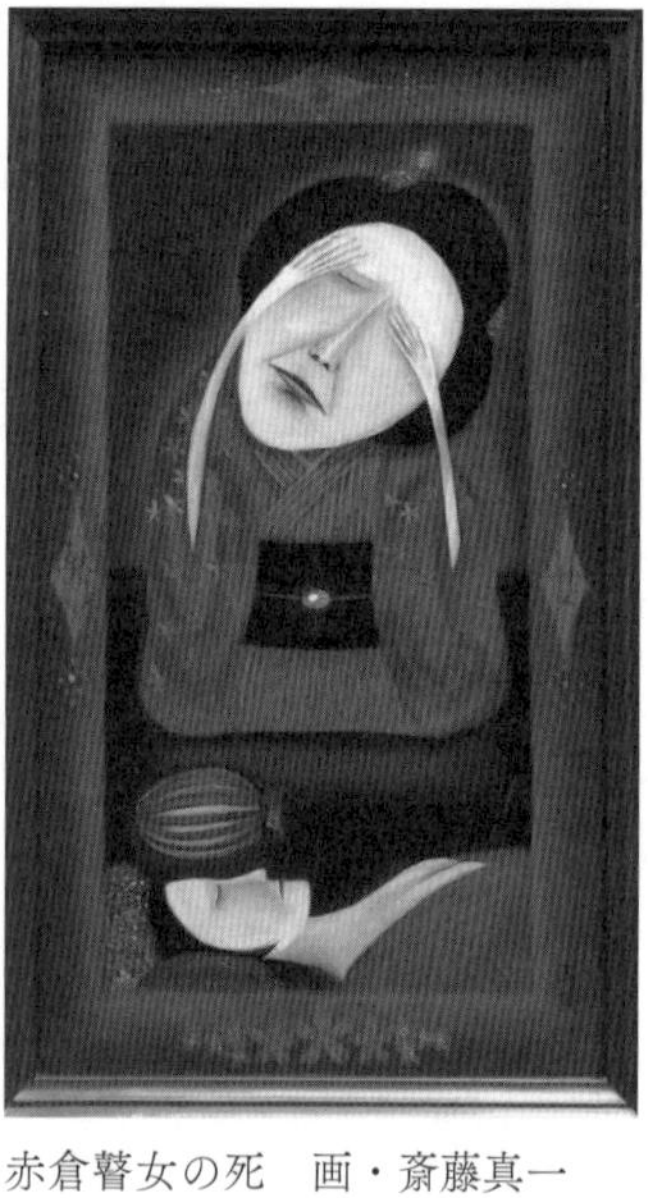

赤倉瞽女の死　画・斎藤真一

「マセのころには、赤倉によく立ち寄った。赤倉の宿は、清水屋吉野家があって、清水屋は昭和十二年ころ、七十銭の宿賃を六十五銭にまけてくれた。吉野家は赤倉かつの実家で泉屋の分家にあたる」（マセはキクイさんの最初の親方）

昭和三十九年にキクイさんたちは、最後の旅に出て瞽女業をやめた。斎藤真一は、

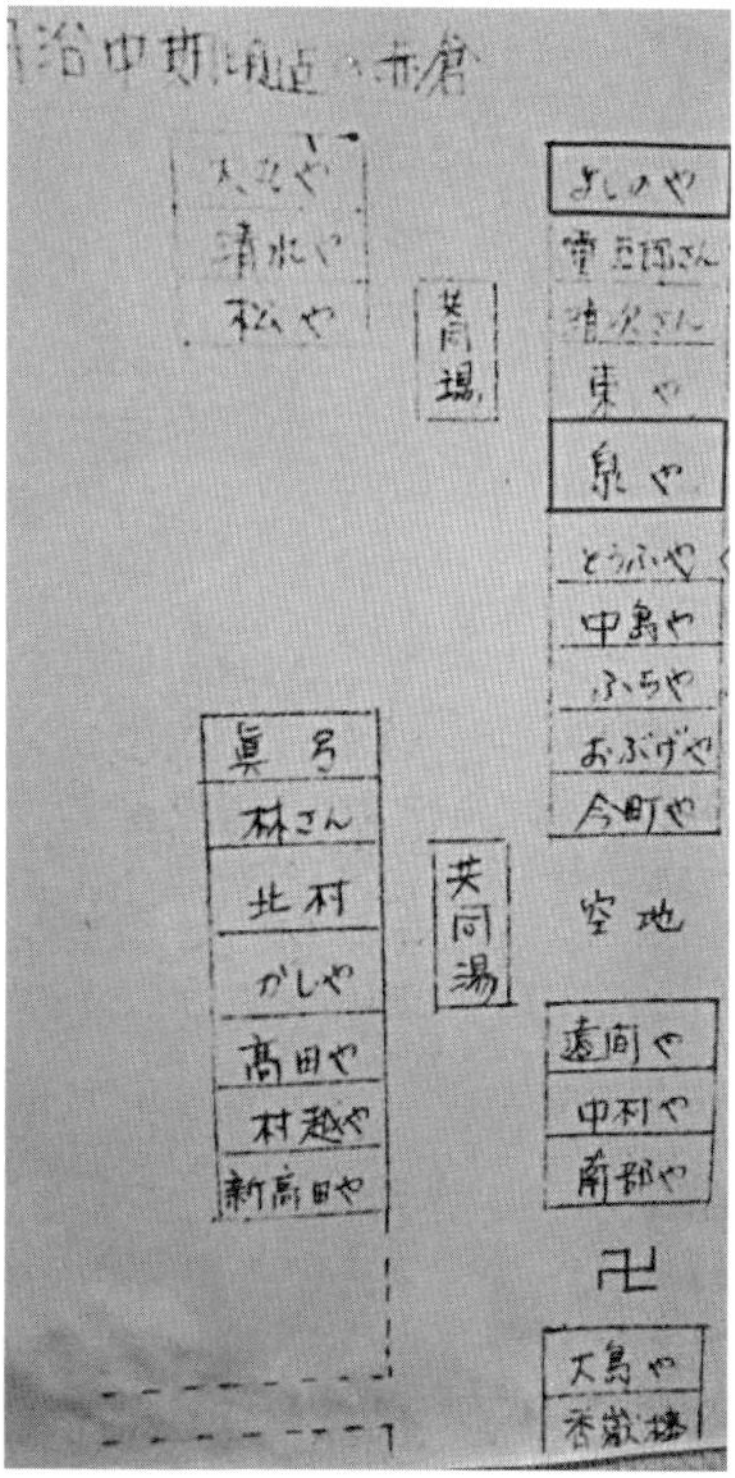


右上がカツの生家よしのや　5番目の泉屋は本家　共に今はない　左上の2番目が清水屋

この日記の翌日、つまり七月三十一日に杉本キクイさんたちを連れて、この清水屋の温泉に入りに来ている。温泉を楽しみに来たのだ。三十一日の日記には、斎藤真一と杉本キクイさんたちが汽車で高田から宿に着き、キクイさんたちから、高原の山犬の話やトイ（桐油）という雨合羽の話などを聞いて「まるで涼しい夜を瞽女さんと一緒に夜話で過ごしています」と書かれている。

調べてみると、清水屋はしっかりと今も営業していた。

瞽女のマセ親方やキクイさんたちが入った清水屋旅館。道路の反対側には、赤倉カツの実家である吉野家の温泉宿があったのだ。瞽女さんたちと縁が深い赤倉温泉につかれば、前に向かってしっかりと歩く瞽女さんのエネルギーをいただけるだろう。嬉しい温泉だ。温泉饅頭も美味しい。

赤倉温泉は、ほとんどがかけ流しの温泉である。足湯あり、大きな露天風呂あり。流れ続ける湯は、ほのかに硫黄が香りたくさんの湯花が混じる。これは温泉が本物の効能を持つ証であるという。納得がいく。私は妙高市在住だからもう何十回も赤倉温泉の湯につかり、また友人、家族らと宿泊している。日本百名山の妙高山を眺めながら入る赤倉温泉。文人も画家もそして瞽女さんも入った赤倉温泉。温泉は人が入って

赤倉温泉大野天風呂 滝の湯

清水屋の湯船　湯をためている状態　やがて溢れる

初めて温泉となる。南地獄谷から引かれた温泉は、硫黄の香りがしてよく温まる。冬はスキー場として、春夏秋冬を楽しめる温泉地である。

清水屋の温泉に入れてもらった。湯船にゆっくりと身体を沈めた。硫黄の香りがする。湯花があり、いかにも温泉地にいる実感が湧いてきた。岩口から湯が零れ落ち、湯船から温泉が流れ出ていた。理想のかけ流し温泉である。肩までゆっくりとつかった。湯花が見える中で「フー」と脱力した。解脱したような心境になる。そしてじょんのびへとつながった。窓からは、四月なのにまだ雪がたくさん残っているのが見えた。杉本キクイさんたちが入った温泉。

そのエネルギーが、どんどんと身体にしみ込んできた。

赤倉温泉　清水屋　妙高市

○泉質　カルシウム・マグネシウム・ナトリウム―硫酸塩・炭酸水素塩温泉

○効能　筋肉若しくは関節の慢性的な痛み又はこわばり（関節リウマチ・変形性関節症・腰痛症・神経痛・五十肩・打撲・捻挫などの慢性期）・運動麻痺における筋肉のこわばり・冷え性・末梢循環障害・胃腸機能の低下（胃がもたれる、腸にガスがたまるなど）・軽症高血圧・耐糖能異常（糖尿病）・軽い高コレステロール血症・軽い喘息又は肺気腫・痔の痛み・自律神経不安定症・ストレスによる諸症状（睡眠障害・うつ状態など）・病後回復期・疲労回復・健康増進

―赤倉観光協会公式ホームページより―

妙高市大字赤倉五八五―一

電話〇二五五―八七―二一六五

◇清水屋　妙高市大字赤倉五〇五　電話〇二五五―八七―二〇二六

# 四章

# 長野県の温泉

# 13　小谷《おたり》温泉　山田旅館　北安曇郡小谷村

小谷温泉山田旅館の元湯源泉湯殿につかり目を閉じると、全ての悩みを忘れてしまう。およそ百年前の湯殿はそのままで、湯滝となって二メートル上から落ちて来て湯船に注ぎ込む。それはたまらない風情を醸し出す。

江戸時代に建てられた山田旅館の本館は、その時代にタイムスリップできる。この建物を含め六棟が文化庁の登録有形文化財に指定されている。

明治の頃から、高田瞽女はこの小谷温泉山田旅館に宿泊していた。

「山道はけわしかった。上り下りする急坂は山塊のせまい尾根道や深い谷のつづきであった。わずか四里の道程でありながら峠ごえに一日もかかった」

と、『越後瞽女日記』に記されている。

山道を歩き、一休みしてから出発しようとすると、まだ子どもだったシズは、

「わたい、もう歩けね！いやだ…歩けね…」

と、駄々をこねて、歩こうとしない。すると仲間のきのは、

「シズや…おらあ、聞いていたんだぞ！小谷には、小谷のじいさんといって、むじなの大きいのが出るってさ！　ここのむじな、歩かねえ娘、大好きで、連れていくってさ…」

と脅すと、シズは、

「おっかねえーおっかねえ…」

と叫んで必死について行ったとある。

また、『杉本キクイエ口伝わたしは瞽女』（大山真人）では、

「シズコの初旅でさ。根知谷から二里半ぐらいの山を越してね。初めてでしょ。道なんかよくわからんのさ。キノエは目見えるけど、あとタケコ、マスエ、それにわたしと五人でさ。（略）シズコの荷物もわたしがしょってるしさ、自炊するからってお米もしょってるでしょ」

とある。小谷温泉で自炊しての泊りがうかがえる。

「小谷温泉ていうのはいい温泉でね」

とも記されている。キクイさんたちが、温泉にゆったりとつかる場面が想像できる。峠を下りながら、夕暮れになって「眼下に小谷の湯煙が見えだすころ」とうとう目的の温泉宿に着いた。子どものシズは、温泉に入って二日間よく寝たそうだ。

七歳のシズにとっては、糸魚川から歩いて登る小谷峠―湯峠は難儀過ぎたのだ。難儀した分、キクイさん、キノエさん、タケコさん、マスエさん、そして子どものシズさんの五人は、この温泉に入り汗を流し、どんなにかじょんのびな気分を味わったことだろう。温泉の力が、きっと旅の疲れをいやして、一日の苦労を忘れさせてくれたに違いない。

『越後瞽女日記』には、画伯によってこの山田旅館のスケッチが描かれている。今と同じ建物である。斎藤真一は、重いリュックを背負い瞽女さんが歩いた道を歩き村人から話を聞いた。

画伯が小谷温泉に泊まった時、山田旅館から木村東介さんに次のような手紙を書いている。

今私がなぜこんな所にいるかという理由は、むかしむかし高田の瞽女さん連が集団で信州に山越えした時、この小谷温泉で長旅の疲れを浴槽にひたしたところなんです。四百年の歴史そのままの建物で、本当に明治、それ以前に帰った感です。（略）それにしてもこの深い山中、どこをどうしてどのように瞽女さん達が歩いて来たものか？　草いきれ、暑さ、そんなものにむれかえっている姿を想像するだけにぞっと致します。

（昭和四十三年七月三十一日夜　小谷温泉にて斎藤真一）

瞽女さんたちが難儀して歩いた峠道は、今は荒れてすべての道を歩くことはできなくなった。「わずか四里の道程」―山道を目の視えない瞽女さんたちが十六キロも歩くのだ。「七歳のシズ」だから、大正十二年頃の話だろう。（シズさんは大正五年生まれ）私もこの峠道を歩こうとしたことがあったが、鎖が張られていて通ることができなかった。

高田瞽女の杉本シズさんたちが入った小谷温泉。この湯につかり、糸魚川から険しい峠道を通り一日がかりでここに来た瞽女さんたちを思った。そう思えば「人生とは何か」が少しはわかる気もするが、それ以上は答えが出るはずもないので、切り替えてこんこんと流れるかけ流しの湯に心身をゆだねた。そして温泉でじょんのびを楽しんだ。

一日がかりで越えた難儀な峠道。そのエネルギーとは、やはり目的地で待つ村人にあるのだろうか。それは、辛さの先にある桃源郷を想う世界のことなのかもしれない。信じ合えることとは、苦をもいとわない。瞽女力と温泉力の力をいただき、そんなことを思い心身を再び温泉に沈めた。

旅館の内部

斎藤画伯のスケッチ

昔からの湯殿　掛け流し　令和3年に湯殿はそのままにして段差など周りが改修された

小谷温泉　山田旅館　北安曇郡小谷村

○泉質　ナトリウム炭酸水素塩泉（重曹泉）
四十四度前後　掛け流し

○泉質効能　浴用　切り傷・火傷・慢性皮膚病
飲用　糖尿病・通風・肝臓病・慢性消化器病

○一般効能　神経痛・筋肉痛・五十肩・運動麻痺・関節のこわばり・打ち身・痔・くじき・冷え性・病後回復・健康増進

◇山田温泉　北安曇郡小谷村中土一八八三六　電話〇二六一—八五—一二二一

# 14　下里《くだり》瀬温泉　北安曇郡小谷村

糸魚川市を流れる姫川は、その上流が信州である。姫川沿いには、いくつもの温泉が点在している。新潟県側では、姫川温泉、長野に入ると深山の湯、来馬《くるま》温泉、小谷温泉、奉納《ぶのう》温泉など個性あふれる温泉がある。

『越後瞽女日記』には、次の文章がでてくる。

お湯は農家の人や町の人でいっぱいであった。
「あら！この前泊まった瞽女さんだね、大町には行かなかったの…と村の衆が湯船で話しかけた」

この湯船とは、信州の北安曇郡小谷村にある下里瀬温泉だろう。

さらに、

途中、下里瀬という町から一町ばかり離れた所に沸かし湯のいい温泉宿があってそこに泊まった。わたしはまだ二十歳になったばかりで、妹弟子のたけのと、ますゑの三人であった。山に囲まれたその宿はまことに静かで、女中さんに案内されて部屋に通されると、すばらしい床の間や、高価な調度品がすべて揃っていて畳も新しくてびっくりしてしまった。

とある。この文面から温泉宿は、毎年泊まる宿ではなく、今回初めて泊まる宿だったことが分かる。その理由として、本来は大町方面に行くつもりだったが、大町で赤痢が発生していたため、それを回避するのに急きょ、糸魚川方面へ帰路の途中に立ち寄った温泉宿だった。

温泉の湯船までは、宿から少し歩いたようだ。

「沸かし湯だが、温泉までかなりの距離があり夜道を少し歩かないとそこまで行けなかった」

とあり、女中さんがそこまで案内してくれたとある。

冒頭の会話は、この温泉の湯船の中でのことだ。つまり村人たちが入る共同浴場の役割も果たしていた温泉と理解してよいだろう。

湯船の中で気楽に村人から話しかけられる瞽女さん。そのよい関係が見えてくる。

現在の下里瀬温泉は、「サンテインおたり」が国道一四八号線沿いにある。大きな湯船につかってみると、柔らかい湯はなめらかで身体がぬるぬるすべすべになってきた。泡沫湯、圧注湯、寝湯、檜の水風呂の四つの湯船があり、広くゆっくりとくつろ

温泉入り口

湯船

下里瀬温泉　サンテインおたり

げる温泉だ。

　杉本キクイさんたちが入った温泉は、この下里瀬温泉に間違いはないと思われる。「途中、下里瀬という町から一町ばかり離れた所に沸かし湯のいい温泉宿があってそこに泊まった」の文章を手掛かりにして探してみたが、キクイさんたちが入った温泉場所は、はっきりとはわからなかった。

　それでも、下里瀬温泉に間違いなく入った杉本キクイさんたち。糸魚川から峠を越えて、小谷温泉にたどり着いた。そこから仕事をしながら、大町方面に向かう予定を変更しての帰路、この下里瀬温泉に着いたのだ。

　峠を越え村人たちに会うためにやってきた瞽女さんたち。その歩くエネルギーと、「人に会うため」という純粋な心をいただきながらゆっくりと温泉につかった。温泉は、心もいやす効能がある。桜はまだ早かったが、じょんのび、じょんのびな下里瀬温泉だった。

下里瀬温泉　北安雲郡小谷村

○泉質　ナトリウム炭酸水素塩・塩化物温泉（低張性中性低温泉）

源泉三十一・八度

○効能　神経痛・筋肉痛・関節痛・五十肩・運動麻痺・関節のこわばり・うちみ・くじき・慢性消化器病・痔疾・冷え性・病後回復期・疲労回復・健康増進・きりきず・やけど・慢性皮膚病・虚弱児童・慢性婦人病

―サンテインおたりホームページより―

北安曇郡小谷村大字中小谷丙二五〇四―九

電話〇二六一―八二―二二二八

# 15　戸狩温泉　たんぼ荘　飯山市

近年信越トレイルが人気だ。その『公式ガイドブック信越トレイルを歩こう！』には、次のように瞽女宿のことが記されている。

かつては関田山脈の峠を超えて信州にも来ていた。飯山市戸狩地区の民宿「たんぼ荘」は、昭和二十年代初めまで瞽女宿をやっていた。たんぼ荘を営んでいた清水重右エ門さんは、次のように当時を振り返っている。

「瞽女さんを家に招くことはもてなす側にとっても名誉なことじゃった。一番風呂に入ってもらい、特にご馳走も用意できなかったけど、採れたばかりの里芋を食べてもらったりした」、「私は先祖に感謝している。瞽女宿をやっていてくれたことで、瞽女さんに会うことができたのだから」

と。

また、杉山幸子『瞽女さん　高田瞽女の心を求めて』の本には、清水重右ェ門さん宅を訪ねた時のことが、次のように記されている。

わしが覚えている瞽女さは高田瞽女の杉本キクイって親方と、シズっていう人に手引きのキヨって人だがなえ。いつ来なさっても着物にシミ一つなかったし、親方は子供が好きでよく抱いたり飴やお菓子を持って来てくれたもんですわい。それに子供の着ている着物を撫でて布質を褒めていたがさ、目が不自由だって思えないほど身支度も話も品があった。この家はほとんど昔のままだがなえ、食堂だけは民宿を始めたもんで改造しやした。瞽女さんが今来てもらっても困らんですわい。

杉山さんは、杉本シズさんから瞽女宿のことを聞いて、このたんぼ荘を訪ねて来たのだ。大きな通り門や庭はシズさんが語ってくれた記憶のままであったと驚いている。

その時、たんぼ荘のお婆さんは、次の門付け唄を歌ってくれたという。

信州での門付け唄（こうといな）

梅か桜か蓮華の花か
どこへござるかみなとのさ
なるはいやなり　おもうはならん
とかくかなわぬ浮世かな
君はからたけ　心は矢竹
おもうたけにはなぜならぬ

信越トレイルは斑尾《まだらお》高原から富倉峠、平丸峠、関田峠、牧峠などを通り信州栄村の天水山まで続く総延長約八十キロの山々の尾根を通る道だ。この道が横とすれば、縦の道は瞽女さんたちが越えた峠道だ。越後側から主な七つの峠を越えて信州に入った。

通り門

かつて七つの峠を越えて信州の瞽女宿を訪ねたことがあった。その折、このたんぼ荘を訪ねたことがある。あいにく清水さんは具合が悪いということで、お会いすることができなかった。

この戸狩に来るためには、関田峠を越えなければならない。標高千メートルを超える峠道だ。上関田を朝七時半に出発し午後二時過ぎに信州温井《ぬくい》に着いた。瞽女宿はお寺の大応寺だった。「おめのうち」という瞽女宿、そして瀬木（現飯山市太田）にある瞽女宿「たんぼ荘」へ泊まった。

私がたんぼ荘を訪ねる前日に、電話を入れて入浴を頼んでおいた。たんぼ荘に着くと笑顔で出迎えて下さった。

早速たんぼ荘の湯船につかってみた。大きな湯船ではないが、湯が少し茶褐色に見える。この落ち着く温泉の感覚がいい。友人の渡辺聡氏と一緒に、心行くまでじょんのびすることができた。心が喜んでいるのがわかる。じんわりと肌に心地よさがしみ込んで来た。

たんぼ荘の湯船　茶色がかって見える

高田瞽女は、この宿に泊まり湯につかり疲れをいやし、夜の演奏会に備えたのだろう。当時瞽女さんたちが来ていた頃はまだ温泉ではなく、普通のお風呂だったと、このご主人と女将さんが教えて下さった。瞽女唄演奏会をやった部屋もまだ昔のままだという。大きな通り門は、道路拡張の際、今の場所に移されたが、元のままだという。私と渡辺氏が温泉から上がったら、「まあ、一休みしてくださいい」とコーヒーをご馳走になった。自家製のユズを巻いた美味しい干し柿と共に。そこで瞽女さんのことを教えてもらった。この迎えて下さる心こそ、瞽女さんを迎えてくれた心だと感じ入った。壁には斎藤真一の画をモチーフに描いた絵が飾られてあった。

信州戸狩温泉の民宿「たんぼ荘」のホームページには次のように記されていた。

戸狩温泉はアルカリ性単純温泉で肌を滑らかにする温泉です。当館は戸狩温泉スキー場のゲレンデから徒歩三分の所にあり、とても便利です。春には新緑の風景はもちろん、わらび・うど・たらの芽などの山菜も多く楽しめるところです。戸狩温泉地域では季節の花がいっぱいになり、とてもきれいな風景が広がります。当館からは木島平スキー場が遠くに広がり四季を通じて素晴らしい眺めが楽しめます。
宿近くに暁の湯、望の湯の二ヶ所の外湯がある。

戸狩温泉　たんぼ荘　飯山市
○泉質　アルカリ性単純温泉
○効能　疲労回復・健康増進

―たんぼ荘ホームページより―
飯山市太田瀬木
電話〇二六九―六五―二三七二

## 16　霊泉寺《れいせんじ》温泉　松屋旅館　上田市

信州への旅は長旅である。

その旅は、長い時には三ヶ月にも及んだ。越後から峠を越えて信州に渡った。信州は温泉が多い所だ。全国でも北海道についで第二位である。まさに温泉王国と言ってよい。

その温泉地に瞽女さんたちが泊まっていた。

その一つが霊泉寺温泉。上田から松本に抜ける山沿いにある温泉地だ。上田近辺で有名な温泉は、何と言っても別所温泉が挙げられるだろう。北向観音もあり、にぎやかな温泉街だ。

その別所温泉から、十キロほどの所に霊泉寺温泉がある。そこを訪れたら、奥座敷

松屋旅館

霊泉寺温泉の街並み

という言葉が浮かんできた。霊泉寺温泉―文字の通り、霊泉寺という立派なお寺があった。境内には巨大なケヤキの切り株がある。何という大きさだろう。樹齢九百年、樹高三十五メートル、幹囲九・四メートルあったという。しかしながら、平成二十年の大風で倒壊し伐採された。今は残った切り株に驚きながら、その巨木を想像するのみ。当時の丸子町の指定天然記念物だった。これだけでもこの地域の歴史が偲ばれる。

　霊泉寺温泉。高田瞽女の杉本キクイさんたちは、この温泉地の松屋旅館に泊まった。斎藤真一も杉本さんの面影を追ってこの松屋旅館に泊まった。昭和四十年代のことだ。杉本キクイさんは、

「六月に伏野峠でとったマムシを干してもっていたので北本町のはるといっしょに食べた。食べるとつかれがとれた」

と、この温泉宿でのことを画伯に語っている。それを画伯

はしっかりと記録していたのだ。（伏野峠は新潟県東頸城郡にある峠のこと）画伯が木村東介さんに宛てた手紙には次のように記されている。

上田から霧ヶ峰の谷を入ると霊泉寺という山湯があります。今日はこの地に参りました。昔、瞽女さんも巡回した地でこの「松屋」という宿に泊まり、東頸城で取ったまむしの干物を食べたと言う所です。「小県郡は川が多く、道も十字路がいっぱいで道にまよい一日歩いてやっとこの山湯に来ると、もうつかれて困った。そこでずっと前ですが、東頸城の伏野の山で取ったまむしを持っていたので、ここで初めて食べてみました。すると体がぼっーと温かくなり大変力が付いた…」と言う話なのです。どんなに深い山の温泉かと思ってやって参りました。川のせせらぎの音を聞きながら、実に静かな所です。宿の「松屋」も残っていました。

（昭和四十六年五月二十三日　霊泉寺にて斎藤真一）

この手紙には、地図も描かれていて、高田―豊野―長野―上田―霊泉寺―鹿教湯《かけゆ》の文字がある。高田瞽女が歩いて通った道だ。霊泉寺温泉に近い鹿教湯温泉も有名な温

途中のお地蔵様

松屋旅館玄関付近

松屋旅館のお風呂

泉地だ。
霊泉寺川は清らかで、透明な水が流れていた。この川沿いを杉本さんたちは、上田方面から歩いて来たのだ。霊泉寺温泉の手前に、水が青い色の淵がある。稚児ヶ淵と名付けられた伝説の淵だ。またお地蔵さまもあった。きっと瞽女さんたちは、このお地蔵さまに旅の無事をお祈りしたことだろう。
霊泉寺にお参りしてから、温泉街に入り松屋を見つけた。前日電話予約しておいて、日帰り温泉を頼んでおいた。松屋旅館の中に入ると、年代を感じる廊下や階段があり、玄関近くには大きな柱時計もあった。この宿で瞽女さんたちが歌う声が、今にも聴こえてきそうだった。

早速、かけ流しの温泉に入った。湯船からお湯があふれ出る。この感覚がたまらなく好きだ。今回は友人の渡辺聡氏と二人だ。透明で少し温泉の香りがする。やや温めだが、身心がそれをしっかりと受け入れる。何だか母親に抱かれているような気持になった。この源泉は少し温度が低いため、加熱しているとのこと。窓からは、山々が見えた。心が落ち着くよい温泉だ。湯船から上がった後も、じんわりと温まってきた。

帰り際におかみさんに、

「瞽女さんがここに泊まったこと知ってますか」

と尋ねた。

「昔、泊まったと聞いています」

「画家の斎藤真一さんも泊まっています」

というと、

「そんな記録もあるようです」

と応じて下さった。

正真正銘の瞽女さんが泊まった宿—貴重な松屋旅館だ。瞽女のキクイさんたちが道に迷いながら一日がかりでたどり着いた霊泉寺温泉。目的地までは気を張って歩き続けたことだろう。疲れ果て、そしてこの温泉につかった時には、何も考えずにくつろいだことだろう。全身でその喜びを味わったことだろう。

人間、休む時には休む必要がある。エネルギーに満ちた瞽女さんたちも、きっとそうだったに違いない。くつろぎ休んだ後にまた再生する感覚で、夜の瞽女唄演奏会をやったに違いない。

現在は眺望の良い展望風呂だが、瞽女さんたちが入った温泉は、半地下にある湯船だったという。しかし、源泉は昔も今も変わらない。瞽女さんが入った温泉に是非とも入ってほしい。

じょんのびが、皆さんを待っていますよ。

霊泉寺温泉　松屋旅館　上田市

○泉質　アルカリ性単純温泉（低張性 アルカリ性 高温泉）
　四十三・八度
○効能　神経痛・筋肉痛・関節痛・疲労回復・五十肩・冷え性・胃腸病・切り傷・やけど・
　高血圧・打ち身・痔疾など
　　　　　　　　　　　　―霊泉寺温泉旅館組合ホームページより―
　　　　　　　　　　　電話〇八〇―一二六一―八四三二
◇松屋旅館　上田市平井二五一七　電話〇二六八―四四―二〇二四

## 17　鹿教湯《かけゆ》温泉　上田市

『越後瞽女日記』には、高田瞽女が越後から峠を越えて信州に行くまでの行程が詳しく記されている。途中で泊まった瞽女宿の屋号や出来事、村人の様子なども詳しく書かれている。文章と同時にその地域の地図も描かれていて、高田瞽女がどの路をたどりながら、鹿教湯温泉までたどり着いたかを知ることができる。

その地図には、泊まった瞽女宿や温泉宿などが□で囲まれているから、杉本キクイさんたちの宿泊場所が確認できる。今はもう無くなっている瞽女宿も多いが、まだしっかりと残っている宿もある。

その中で、別所温泉から霊泉寺温泉、そしてこの鹿教湯温泉の行程では、鹿教湯温泉が□でしっかりと囲まれてある。しかし、残念ながら温泉宿の名前は記されていない。ペンで囲まれていて 温泉宿 となっているのだ。（写真図参照）だからこの鹿教湯温泉に泊まったのは間違いないだろう。

その地図には、□で囲まれた鹿教湯温泉の場所に小さな文字で、

「中気によくきく温泉」

と書かれてあった。中気とは、脳血栓障害（脳卒中）のこと。中風ともいい昔は特に治りにくい病の一つだった。実際に鹿教湯温泉の効能には「脳卒中の後遺症」と記されていて、その言葉とも一致する。

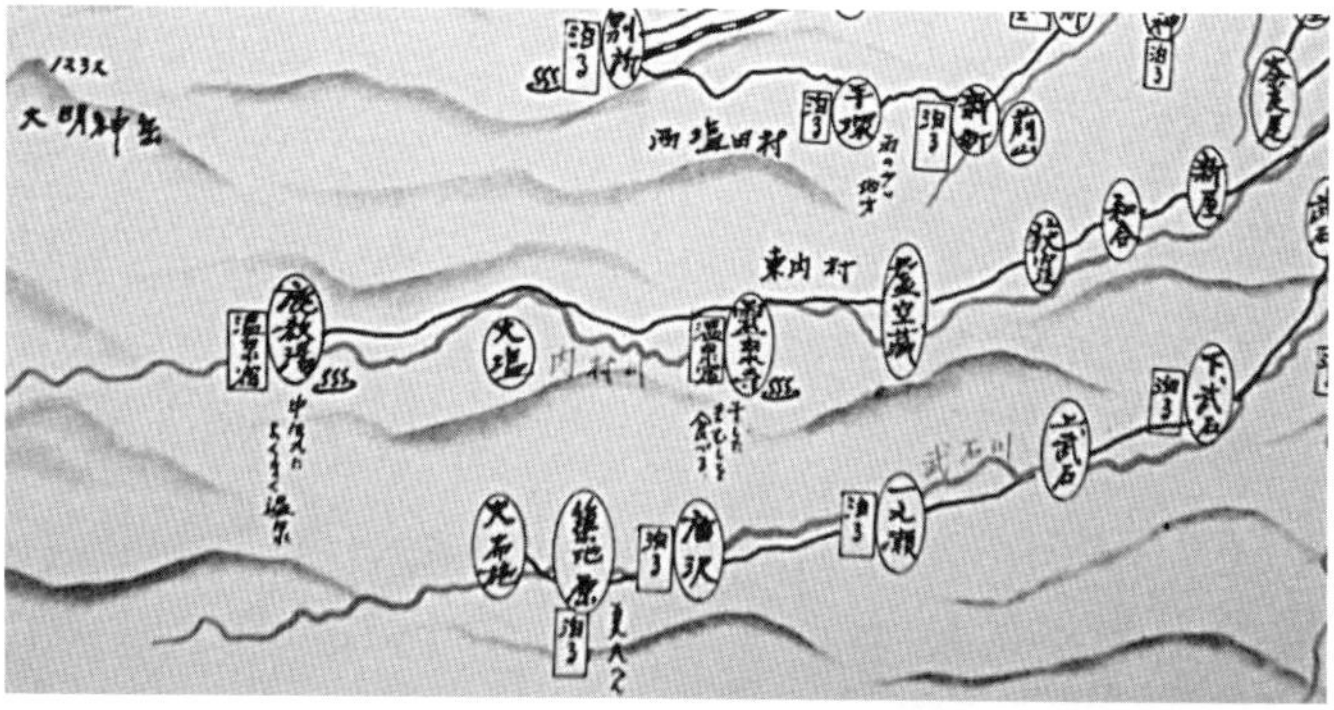


霊泉寺温泉までの道のり
画・斎藤真一

鹿屋の宿にて　左から著者、濁川、荒井、池田、磯

霊泉寺温泉は先に紹介したが、温泉宿が松屋となっていて、今もしっかりと営業をしていた。

鹿教湯温泉—名前を見ると漢字のとおり、鹿が発見した温泉ということが想像できる。鹿教湯温泉観光協会の文面には、

「今から八〇〇年ほど前、一頭の鹿がこの湯のありかを教えたといいます。鹿が教えた湯、鹿教湯と書いてかけゆと読みます。こんこんと湧き出る豊富な温泉です」

とある。

私は昭和五十年頃に、新潟から電車とバスを乗り継いでこの鹿教

湯温泉に泊まった。温泉宿の名前は忘れたが、湯治場の雰囲気がある温泉宿だったと記憶している。やや温めで柔らかい温泉が今でもよみがえる。そして、その後も友人とここに泊まった。

また、瞽女関係の旅として、平成二十二年に斎藤真一作品の蒐集家である池田敏章氏や不忍画廊の荒井一章氏らと鹿乃屋旅館に宿泊した。左記は池田氏からいただいた当日のメモである。

二〇一〇年八月七日（土）

東御市梅野記念絵画館（水上勉展）・鹿教湯温泉鹿屋旅館（私設美術館・斎藤作品を展示していただく）に行く　（荒井一章氏、国見修二氏、磯邦明氏、濁川清夏と同行）鹿乃屋旅館は長野県 上田市 鹿教湯温泉 一四六二　添付ファイルは鹿屋旅館内の展示作品です。

とあった。

三度目の鹿教湯温泉にワクワクしながらつかってみた。透明に近い湯にゆっくりと入った。

　やや温めの湯が心身を包んでくれた。「柔らかい湯」の言葉が、ぴったりと当てはまる温泉だ。高田から歩いて、この鹿教湯温泉までたどり着くまで何日を要したのだろうか。信州への旅は長ければ三カ月にも及ぶという。瞽女さんを歩かせるエネルギーは何なのだろうか？　と考えてしまう。彼女たちを待っている村人がいるからなのだろうか？

「よくぞこの信州鹿教湯温泉まで歩いてきたものだ」

と、感心しながら湯にゆったりと心身を沈め、目を閉じた。そしたら
「自分で考えなさいや」

とキクイさんの声が聞こえたような気がした。

鹿教湯温泉　上田市

○泉質　単純温泉（弱アルカリ性低張性高温泉）特徴ほとんど無色、透明
　泉温四十六度（調査時における気温三十度）

○効能　高血圧症・動脈硬化症・脳卒中の後遺症・慢性関節リューマチ・慢性筋肉リューマチ・神経痛・骨及び関節等の運動障害および疲労回復

※飲泉番付で〝東の大関〟の湯。とても飲みやすく、冷やしてアルカリイオン水としても美味しい温泉。飲泉効能に便秘を主とする整腸作用、胆汁分泌促進作用。温泉地内に数箇所、飲泉所がある。

※鹿教湯温泉、大塩温泉、霊泉寺温泉の三つを丸子温泉郷という。

—鹿教湯温泉旅館協同組合ホームページより—

上田市鹿教湯温泉一四三四—二
電話〇二六八—四四—二二三一

# 五章

# 山形県の温泉

# 18　泡の湯温泉　三好荘　西置賜郡小国町

一度この泡の湯温泉に入ってみたいと願っていたが、叶わなかった。下重暁子さんの『鋼の女』を読んだとき、この泡の湯のことが書いてあった。少し引用する。

近くに温泉があるという。ハルさんも温泉が好き。峠を越え足取りも軽く下っていったにちがいない。「泡の湯三好荘」は、岩魚の獲れる清流沿いにある。昼食は岩魚の刺身、しどけ、ウドなど山菜の天ぷら。竹下さんと私は、手拭いを借りて泡の湯に入った。泡立った熱い湯が小さな湯船にあふれる。「おばあちゃんは、ぬるい湯が好きでネ」一緒に温泉に入ったことのある竹下さんが言う。（略）マタギの里、小玉川の泡の湯温泉は、ハルさんの頃とあまり変わってはいない。山里は、のどかで美しい。山には残雪、川を雪どけ水が下っていく。ふき出たばかりの浅い緑、かたくりの花、苗代の苗は小さく田植えは先だ。

ハルさんの瞽女唄の弟子である竹下玲子さんは、下重さんと一緒にハルさんが歩いた米沢方面への道をたどった。これはその時の文章だ。昭和五十年代の頃だろうか。マタギの里と呼ばれる春の風景が浮かんできた。文面からはかつてハルさんがこの温泉に入っていたのではないかということが読み取れる。

「越後より米沢発ち」と言って越後瞽女は、越後よりも山形を好んだという。山形の人は、情に厚いという。「ごぜん様ごぜん様」と様付けで呼んで大切にしてくれた。また三人でも五人でもまとめて泊めてくれる宿もあった。（他県では、人数が多いと世話が大変だから分散して泊める所があった）それだから、一緒に泊まることができ、歓待してもらえる山形への旅を愛したのだ。

この泡の湯に入りたく思い、訪ねようと調べたら次の記述が泡の湯のホームページに出ていた。

拝啓　立冬の候、お客様におかれましてはますますご清栄のこととお慶び申し上げます。さて、突然ではございますが、昭和二十六年の開業以来六十八年余にわたりご愛顧賜りました泡の湯温泉三好荘を、諸般の事情により来る令和一年十二月末日をもちまして廃業いたすこととなりました。初代代表の舟山鐵四郎およびふさ子の相次ぐ逝去、後継者不在などの理由をもちまして苦渋の選択となりましたが、何卒ご理解賜りますようお願い申し上げます。これまでの永きにわたるご愛顧に心より深く感謝申し上げますとともに、皆様の今後ますますのご健勝とご繁栄をお祈り申し上げます。なお、準備のため、営業は十二月二十日までとさせていただきますが、日帰り温泉は、十二月三十一日までご利用いただけます。

温泉入り口

三好荘　湯船

飯豊　梅花皮荘湯船

敬具

もう少し早ければ泡の湯に入れたのに。残念無念。せめて建物だけでも見ようと、渡辺聡氏と一緒に令和四年の秋に訪れた。泡の湯は、小玉川沿いにあった。泡の湯温泉三好荘の前に立ちながらも温泉には入れなかったが、この風景と建物とを記憶に刻んだ。マタギの館で、村のお爺さんに瞽女さんのことを聞くと、「子どもの頃瞽女さんが来ていたよ」と答えてくれた。間違いなく越後瞽女、小林ハルさんたちもここに来ていたのだ。

長福寺（小国町五味沢）
「長福寺本堂で瞽女口説きを村中で聞くことになっていた」
越後瞽女の『米沢歩き』より

越後瞽女は、次のようなルートで米沢まで向かった。

米沢街道―中条から小国町に向かって瞽女さんたちは歩いた。ルートとして、下関（現新潟県関川村）―玉川（現小国町）―小国（現小国町）―手の子（現飯豊町）―小松（現川西町）十三峠を通って、米沢へ入った。米沢へ向かう途中もこうして生業をやり

宝泉寺

宝泉寺に集まりここで瞽女唄が歌われた

ながら峠道を歩いたのだ。すでに廃業して入れない泡の湯温泉。そうすると、なおさら入りたくなるのが人情だが、こればかりは仕方がない。

瞽女さんの小林ハルさんたちが入ったかもしれない泡の湯温泉。「かもしれない」というのは、

「小林ハルは十七歳から昭和八年（一九三三）の三十三まで十五年余りを米沢歩きをしたが、その後は米沢歩きを止めて、たまに小国地方を回ったという」

（『置賜の民俗』第二十六号「山形県出身の越後瞽女」）

これを読むとハルさんが泡の湯に入った確率は低いかもしれない。泡の湯は昭和二十六年開業だからだ。しかし、もしかするとハルさんが「たまに小国地方を回った」時に、この温泉に入ったのかも知れない。

瞽女さんが泊まり瞽女唄を歌ったという宝泉寺を訪ねた。現在住職さんはいないが、お寺はしっかりと建って

いた。ここでハルさんたちは村人の前で歌ったのだ。越後から峠道をここまで歩いて来て唄を歌い、樽口峠を通り米沢に向かったと思うと、胸が熱くなった。

ハルさんの瞽女唄の弟子である竹下玲子さんが入った泡の湯温泉。『鋼の女』を書いた下重暁子さんが入った泡の湯温泉。そして私にとっては、泡の湯温泉の建物の前に立ちながら、泡と消え幻の温泉となった泡の湯温泉であった。日本秘湯を守る会会員の宿が、また一つ消えてしまった。せめてもと思い、飯豊《いいで》・梅花皮荘《かいらぎそう》のかけ流しの湯につかり、小玉川を後にした。

## 泡の湯温泉　三好荘　西置賜郡小国町

○泉質　含二酸化炭素・鉄（Ⅱ）ナトリウム・塩化物・硫酸塩温泉
源泉三十八・五度

○効能　筋肉または関節の慢性的

黒沢峠石畳

樽口峠入り口

な痛みまたはこわばり・運動麻痺における筋肉のこわばり・冷え症・末梢循環障害・胃腸機能の低下・糖尿病・軽い高コレステロール血症・軽い喘息または肺気腫・痔の痛み・自律神経不安定症・睡眠障害・うつ状態・病後回復期・疲労回復・健康増進・きりきず・皮膚乾燥症

―泡の湯温泉ホームページより―

◇三好荘　西置賜郡小国町大字小玉川七一五

## 19　小野川温泉　やな川屋旅館　米沢市

小林ハルさんは、十七歳の時に米沢への初旅をしている。サワ親方とハル、それに九歳の手引きのハツイとの三人旅だ。この時ハルは、旅の仲間がよいので喜んで旅をしていた。
中条までは汽車で着いた。そこで仲間宿に泊まり、一週間ほどいて、下関、金丸の清水の茶屋の宿に泊まった。そして小国まで行き、小国在を門付けして小松在から歩いて米沢へ向かったという。
『最後の瞽女　小林ハルの人生』には、次のように米沢のことが書かれている。

米沢への道は、かなりいい道なものだから楽だったね。お盆は小の川の湯治場ですごした。サワさんは小の川へは毎年行っていたからいつもうらの新兵衛に一部屋借りて泊まり、そこで二十日間くらい湯治をした。私たちでごはんをつくり、前の晩のうちにおにぎりをつくっておいて、朝早く在を門付けしてまわった。私とハツイは昼間、門付けして歩いて、夜は宿屋なんかに頼まれれば働きに出たりした。

このようにハルさんをはじめ、瞽女さんたちは米沢で湯治をしていたのだ。ここで門付けをしたり、温泉宿を回ったりして仕事をしていたのだ。サワ親方たちは二十日くらい湯治をしたというから、結構本格的な湯治旅といえるだろう。
瞽女さんたちが、温泉で働く意義について、『越後瞽女ものがたり　盲目旅芸人の実像』には次のように記されている。

温泉に逗留して、湯につかりながら商売することもできた。小野川温泉・赤湯温泉・高湯温泉など随所に温泉場があって、瞽女たちのたまり場になっていた。長岡組や三条組、新飯田組、新津組の瞽女も一緒になり、師匠たちは風呂に入って休んでいるが、弟子たちは二里も三里も離れた在回りの働きに出た。夜に温泉街を流して歩くこともあった。それでも毎日お湯に入れたし、たくさんの友達と遊ぶことができて、それが楽しみとなった。

このように、瞽女さんたちは、温泉を上手に活用していたのである。温泉に入り、おしゃべりをして温泉から上がり、また休憩場所などで他の組の瞽女さんたちと情報交換などを楽しくやっていた様子がうかがえる。
これも、普段泊まる瞽女宿にはない温泉宿の楽しみの一つだろう。瞽女さんたちは、一日に何キロも歩くから温泉は本当に有難かったものと想像できる。一日の疲れをいやしてくれる温泉。温泉は瞽女さんたちにとっても、私たちにとっても嬉しくじょんのびで有難い存在なのだ。

さて、ハルさんたちが泊まった湯治場の小野川温泉。米沢市から約十キロほどの所にある。

瞽女さんが宿に使っていた新兵衛の宿を探したが、残念ながら見つからなかった。ハルさんは、二十三歳の時にも五人で小野川温泉や赤湯温泉へ行っている。

小野川温泉に近年泊まったことがある。令和元年に河鹿荘という落ち着いた宿で、サービスもよく食事も美味しくいただいた。千二百年の歴史があるという小野川温泉。もちろん源泉かけ流しの温泉だ。内湯は歴史を感じる湯船で、この小野川温泉にも瞽女さんたちが来て仕事をし、温泉に入って休養したかと思うと嬉しくなった。また、露天風呂は見事な庭園を見ながら入ることができた。

小野川温泉と聞くと、「小野小町」を連想する。小町とのかかわりが小野川温泉のホームページには次のように記されていた。

小野川温泉の「小野」は平安時代の歌人、日本美人の象徴としても有名な「小野小町」に由来します。千二百年ほど前、父を慕い京都より旅立った小町が病に倒れた時にこの温泉に浸かり、病も癒え、絶世の麗人に生まれ変わったという伝説が残されています。

まさに小野小町と縁のある温泉場であった。

小野川温泉の瞽女さんが泊まった温泉宿につかって見たかったが、宿が分からず諦めていたら、急に光が射した。

令和三年、十月三十一日（日）川西町で映画「瞽女GOZE」の上映があり、監督と一緒に私と画家の渡部氏が同行した。そこで地域の民俗について造詣の深い渡邊敏和氏から「置賜の民俗第二十五号」（平成三十年十二月十五日）をいただいた。それを読むと、小野川温泉にやはり越後瞽女が来ていたと記されていた。

そこには、

「やな川屋旅館」の名前があった。嬉しくなってさっそく電話をしてみた。

「新兵衛という宿に越後瞽女が泊まった記録がありますが、このやな川屋さんにも泊まったのですか？」

と尋ねた。

　すると、

「新兵衛は先代の宿の名前です。このやな川屋と一緒です」

とのこと。これではっきりと分かった。新兵衛と、やな川屋は一緒の宿で瞽女さんたちが泊まった宿であった。瞽女さんが泊まった宿が現存していたのだ。私はすっかり嬉しくなって飛び上った。そういえば、ハルさんの言葉、

「人間は諦めひとつ、諦めれば思うことない」

の言葉が浮かんできた。諦めれば光が見えてくる。

　令和三年十二月初旬に、私は電車とバスでこのやな川屋を訪ねた。そして瞽女さんが入った温泉につかることができた。ご主人に話を聞くと、建物は当然当時のものではないという。浴場も違うが、かけ流しの温泉だから源泉は同じとのこと。

　さっそく広めの湯船にゆったりとつかった。やや温めの温泉は、羊水の内にいるようですべてを解放してくれた。私の他に先客が一人いたが、湯船で目を閉じて身じろぎもしない。心身ともに満たされている様子だ。羊水に揺られているような感覚の優

温泉街にある共同浴場
尼湯

やな川屋旅館の湯船

しい小野川温泉。この湯に越後瞽女もつかり、心身を休めていたのだ。温泉を活用して心身ともにリフレッシュしていたのだ。そして元気になって、瞽女唄を歌ったのだ。私は目的が達成し、このうえなく嬉しくなった。

米沢は、米沢牛、お蕎麦、米沢ラーメンなどと食べたいものが沢山あり好きな場所だ。すべての旅館が源泉一〇〇パーセントかけ流しでお客を迎えているとのこと。また、二つの足湯や小町の湯と呼ばれる露天風呂もある。日本有数のラジウム泉である。

瞽女さんが入った温泉、サワ親方が、ハルさんが入った温泉。この温泉につかれば瞽女力をいただき、元気にリフレッシュすること間違いなし。つかりに行きましょう。いざ「じょんのび」という現世極楽へ――。

小野川温泉　やな川屋旅館　米沢市

○泉質含　イオウナトリウムカルシウム塩化物泉
　　源泉三十五度と八十度

○効能　浴用　リウマチ・肥満・月経障害・慢性婦人病・アトピー・慢性皮膚病・火傷・切り傷・動脈硬化・高血圧症
浴用と飲用
痛風・糖尿病・肥満・慢性肝臓病・慢性便秘・慢性消化器病・貧血・痔・慢性胆嚢炎・胆石・一般的適応症
　　　　　　　　―小野川温泉旅館組合ホームページより―
　　　　　　　　米沢市小野川町二五〇〇
　　　　　　　　電話〇二三八―三二―二七四〇

◇やな川屋旅館　米沢市小野川町二四八六　電話〇二三八―三二―二二一一

# 20　蔵王温泉　えびや旅館　山形市

山形駅から五十分ほどバスに乗って終点の蔵王温泉ターミナル駅に着いた。バスから下りると硫黄が香ってきた。この蔵王温泉には蔵王スキー場があり、全国的にも有名な場所だ。一月には、スキージャンプ女子のワールドカップ蔵王大会が行われる。温泉街には、たくさんのホテルや旅館が立ち並んでいた。

令和三年十二月にここを訪れた。越後瞽女が泊まったという、えびや旅館を訪ねるためにやって来たのだ。

『越後瞽女ものがたり　盲目旅芸人の実像』には、

カネさんとイノさんは二十歳の頃、上山の奥の高湯温泉に十一日間も逗留したことがある。師匠たちが相談し、四組がこの温泉で落ち合った。温泉宿から注文をうけ、お客に唄を歌ってあげるのである。
「今日は海老屋の三階へきてくれ」などとお呼びがかかり、昼でも夜でも迎えに来る。そんなとき、師匠連中は、幼い子は置いて、あの師匠の弟子と、上手なのをよりすぐって組んで出さす。そのほか、夜はまた流しに出ることもある。

えびや旅館

ここにある「上山の奥の高湯温泉」とは、蔵王温泉のことである。蔵王温泉にある「えびや」とはどんな旅館なのだろうか。ターミナル駅から温泉街をしばらく歩いて行くと、やがてえびや旅館の看板が見えてきた。十二月初めの雪の温泉街であった。早速宿の中に入るとご主人が出迎えて下さった。

ここに来る数日前に電話で、「新潟から、瞽女さんのことで調べに行きたいのでお願いします」と頼んでおいた。遠く新潟からということと、瞽女さんについて調べたいということで、特別に温泉に入れてもらえることになった。その頃はまだコロナ禍のために、日帰り入浴をえびや旅館はやっていなかったのだ。

一階の奥に進むと温泉があった。蔵王温泉特有の強度の硫黄泉である。金属がやられてしまうので、時計などは置いてない。すぐにさびてしまうのだそうだ。開湯千九百年の蔵王温泉だ。

一人湯船にゆっくりと身体を沈めた。温泉を手ですくって顔に当てたら少し目が沁みる感じがした。これも硫黄のせいなのだろうか。その奥には露天風呂があった。ここにも入って目をつむった。明治の頃から昭和の初めにかけて越後瞽女がここまでやって来たのだ。そしてカネさんとイノさんは、ここに何と十一泊もしたのだ。いわゆる湯治も兼ねていたのだろう。

同書には、瞽女さんと温泉の関係について、

温泉場は、瞽女たちが疲れをいやす休養所であったが、また遊びながら稼ぎができたので、一挙両得の面をもっていた。これが越後瞽女を米沢・最上地方に引きつける要因の一つになったことは疑いない。

と温泉場に泊まるメリットがまとめてある。

温泉につかり休養し、唄を歌って稼げる温泉地。新潟や長野でも温泉に泊まって稼ぐことも、もちろんあった。

えびや旅館は温泉街にある。当時たくさんのお客さんに呼ばれ、唄を歌った瞽女さん。温泉街を眺めていたら、

「おーい、瞽女さん、今度はこちらの宿に来て歌ってくれ」

と呼ぶ声が聞こえて来そうだった。まさに温泉力が瞽女さんに恵みを与えているのである。

標高八〇〇メートルにある蔵王温泉。よくぞここまで来たものだと、瞽女さんを尊敬しないわけにはいかなかった。

温泉が瞽女さんを引きつける力か、それとも山形の人々が瞽女さんを大切にしてくれたからだろうか。いや、きっとその両方なのだろう。

えびや旅館のご主人に、

「越後瞽女がこの宿に泊まったことを知っていらっしゃいますか」

と尋ねたが、残念ながら分からないとのことであった。

先に引用したように、

「今日は海老屋の三階へきてくれなどとお呼びがかかり」

とあり、海老屋の名前がしっかりと書かれてある。

また、「師匠たちが相談し、四組がこの温泉で落ち合った」

とあるから、少なくとも十名以上がここに泊まっていたことになるだろう。えびや旅館の温泉前の廊下には、伊勢海老のはく製が掛けられてあった。瞽女さんたちが湯治して商売をしたえびや旅館。そのかけ流しの湯につかれば、

「よし！」

と前向きにやる気になってくるから不思議だ。瞽女力が今も湯の中に満ちている気がしてならなかった。温泉力と瞽女力がタッグを組んでいるこの温泉に入れば、文句なしに分かるその効能が身体に「どうだどうだ」としみ込んできた。

## 蔵王温泉　えびや旅館　山形市

○泉質　硫黄泉、酸性泉
　　　源泉四十五度〜六十六度
○効能　きりきず・やけど・慢性皮膚病・虚弱児童・慢性婦人病・糖尿病・高血圧症・動脈硬化症・神経症・筋肉痛・関節痛・五十肩・運動麻痺・関節のこわばり・うちみ・くじき・慢性消化器病・痔疾・冷え性・病後回復期・疲労回復・健康増進

—蔵王温泉観光協会ホームページより—

山形市蔵王温泉七〇八—一
電話〇二三—六九四—九三二八

※上湯共同浴場、下湯共同浴場、河原湯共同浴場がある。
◇えびや旅館　山形市蔵王温泉三　電話〇二三—六九四—九〇一一

# 21　白布《しらぶ》温泉　米沢市

以前から東屋、西屋、中屋の名前やこの温泉の情報を知っていて、山形県米沢市の白布温泉に行きたいと強く願っていた。日本秘湯を守る会に東屋と西屋の名前があり、令和二年にようやくそれが実現した。

車で小野川温泉からさらに十キロほど山の方に上ると、この白布温泉にたどり着いた。標高九〇〇メートルの高地にある温泉地だ。江戸時代からの古い茅葺屋根の建物だったが、平成十二年の火災で東屋と中屋は焼けてしまい、西屋だけが茅葺屋根を残した。

この白布温泉にも越後瞽女が来ていたというから、驚きである。車でも大変な山道を走るから、歩いて旅する瞽女さんたちは本当に難儀だったことと想像できる。

瞽女さんが高湯温泉に来ていたと本に書いてあった。高湯温泉を調べると、福島県にある高湯温泉にたどりついてしまう。おかしいなと思い、もう一度確認してみた。

『越後瞽女ものがたり　盲目旅芸人の実像』には、

「小野川温泉・赤湯温泉・高湯温泉など随所に温泉場があって、瞽女たちのたまり場になっていた」

とある。

白布温泉は、白布高湯温泉とも呼ばれていたことが分かった。高湯温泉でも福島の高湯温泉ではなく、白布温泉の高湯なのであった。つまり瞽女さんは、この白布温泉に来ていたのだ。

また、『置賜の民俗』第二十五号の渡邉敏和「越後瞽女の『米沢歩き』」には、

米沢市内（旧米沢城下）を門付けし、白布街道を歩いて白布高湯へ行き、帰りは小野川温泉に入って、打ち止めに簗沢の弁財天さまに参詣し、宇津峠に雪が降る前には、新潟に帰ったという。

とある。このように、白布温泉へのルートもしっかりと記されてあった。

私が東屋に泊まり、ご主人に越後瞽女のことを尋ねた時には、その宿は西屋さんではないかと言われた。遠いから、毎年来ていたのではなかったかもしれないとも言われた。瞽女さんたちは、白布温泉の西屋に泊まっていたのだろう。

令和三年十二月に私は二回目の白布温泉に来た。今度は西屋に泊まることにした。西屋のご主人に、白布温泉について教えていただいた。

高湯温泉は三つがある。
① 信夫高湯―福島の高湯温泉のこと
② 蔵王高湯―蔵王温泉のこと
③ 白布高湯―白布温泉のこと
この三つの高湯温泉のことを、奥州三高湯と呼ぶのだそうだ。

先に引用した鈴木昭英氏の文章には、「瞽女たちのたまり場になっていた」というから、当時はかなりの数の瞽女さんたちが蔵王高湯や白布高湯にも来ていたと推測できる。米沢地方に、瞽女さんたちがこんなにもひきつけられるものは何だったのだろう？

「越後瞽女の『米沢歩き』」には、次のようにその理由が書かれてある。抜粋する。

・「今年米沢へ行く」と師匠さんにいわれると越後瞽女の多くが米沢へ行く日を楽しみにしていたという。
・米沢（置賜）ではいつも師匠さんと一緒に泊まれといわれ、師匠さんも何時になく機嫌もよく、客が帰ってから三味線の稽古をつけてくれたり色々教えてくれたからであるという。
・新潟とは違って瞽女さまと「様付き」で呼んで迎えてくれ、置賜では田植え前や、お蚕が始まる時期にくる瞽女を「田植え瞽女」などと呼び、（略）神の使いとも見られて（略）この地方では養蚕などに縁起が良いと大事にされていた。
・瞽女の米を一握り分けてもらってご飯に炊き込むと、一年間無病息災で過ごせるとされている。
・瞽女が身に付けていた古くなった三味線の袋布や糸などを、子供の着物に当て布して身につけさせ、小袋の紐として持たせてやると、お不動さまに守られ、魔除けになって丈夫に育つとも伝えられている。
・神仏のお使いのような役割を担って、神仏のような接待を受けていた。

とある。新潟でも多少は同じようなことが言われているが、決定的な違いはおそらく、「神仏のお使いのような役割」として瞽女さんを迎えてくれる米沢の地域性にあるのかもしれない。

『鋼の女』には、次の記述がある。

質素倹約をむねとし、陽気に唄い踊ることを抑制する人々の意識だ。歌舞音曲禁止、祭りの時だけ音曲や賭け事が認められた意識が残り、瞽女だけが唯一の楽しみだった。

この文章からも、米沢の人々にとって瞽女さんは、神仏のお使いのような役割を持つと同時に、瞽女唄は村人にとってめったにない楽しみの一つであったといえる。ハレの日の楽しみをもたらす瞽女さんの存在は、まさに「神仏のお使いのような役割」であったのだろう。普段の生活から解放されるのだから、それをもたらす瞽女さんを大切にするのは、当然なことなのだ。

さらに下重氏は、

「米沢は宿に不自由なく、瞽女にとっては天国であった」と表現している。瞽女さんたちの多くが「米沢へ行くのを楽しみにしていた」のが納得できる。

瞽女さんたちは、きっと温泉に入るのも楽しみにしていたのだろう。

滝のように流れ落ちる豊富な湯。その湯船につかれば、悩みも苦しみもふっとんでいくような気になる。毎分約千五百リットルの湯が自然湧出する白布温泉。「こんなにたくさん流れ出ていて温泉は尽きないのだろうか？」と心配になってきた。その流れ落ちる湯の音を聞きながら「温泉が活きている」と思った。西屋さんも東屋さんも

西屋

廊下

釣り仲間と東屋玄関で

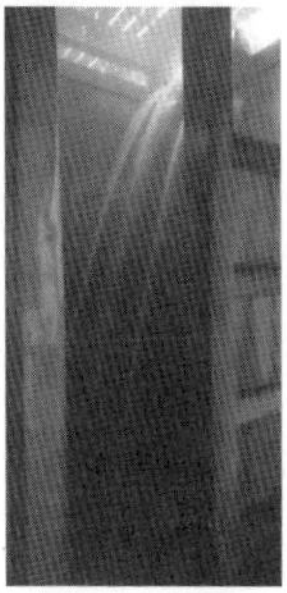

西屋　湯滝風呂

共に野趣あふれる温泉だった。瞽女さんも入った白布温泉。天地同根、万物一体となって、大地の自然の恵みに抱かれながら入る温泉。精神が前向きになって来るのを感じた。

白布温泉　米沢市

○泉質　塩化物泉　無色透明の源泉
　　　　源泉温度六十度
○効能　動脈硬化症・運動麻痺・慢性皮膚炎・糖尿病・高血圧症・神経痛など

―白布温泉観光協会ホームページより―
米沢市大字関三九三四―一八
電話〇二三八―五五―二二〇五

# 22　赤湯温泉　南陽市

越後瞽女が、山形の米沢周辺まで出かけていたことは、小野川温泉や蔵王温泉、白布温泉で紹介した。そこで宿泊した宿も判明したが、この赤湯温泉だけは手掛かりがつかめなかった。

資料では幾度も「赤湯」や「赤湯温泉」の名前が登場する。

○温泉に逗留して、湯につかりながら商売することもできた。小野川温泉・赤湯温泉・高湯温泉など随所に温泉場があって、瞽女のたまり場になっていた。

（鈴木昭英『越後瞽女ものがたり　盲目の旅芸人の実像』）

○小国から伊佐領、宇津峠、手の子の宿に入り、そこから長井、白鷹あるいは宮内、赤湯、さらには村山地方（山形市）へ足を伸ばす（略）

○二十三の年は、赤湯や小の川の湯治場に泊まって、昼はそこいらを門付けしてまわり、夜は軒付けしたりして流して出た。

（『置賜の民俗』第25号「瞽女様の米沢歩き」）

このように越後瞽女は、間違いなくこの赤湯温泉まで来ていたのだ。小林ハルさんは、

「赤湯でも小の川の在でもリンゴやナシをつくっていて、昼間、門付けしていくと、お金のかわりにリンゴをくれたりする所だった」

（桐生清次『最後の瞽女　小林ハルの人生』）

とも言っている。

「赤湯や小の川の湯治場に泊まって」商売をやっていた瞽女さん。しかしながら赤湯温泉の宿はわからないままだった。そこで赤湯温泉協同組合の方に連絡して調べてもらった。とても親切であった。その回答を記す。

赤湯温泉旅館協同組合の嶋貫です。早速ですが赤湯温泉旅館関係者より、昔伝え聞いたということで以下の話を聞くことができましたのでお知らせいたします。

「赤湯で瞽女さんは旅館ではなく農家に宿泊していた。当時赤湯の旅館は内風呂があることがまれで現在の「御殿守」と「大文字屋」の間に大湯という共同浴場があったので、湯治客はそこを利用していた。瞽女さんも入浴したとすれば大湯をつかっただろう」

とのこと。

赤湯に瞽女さんが来ていたのは、間違いない。その大湯は現在はない。農家の瞽女宿に泊まっていた瞽女さんもいたろうし、「赤湯や小の川の湯治場に泊まって」仕事をしていた瞽女さんもいたのだろう。ともかく赤湯温泉につかったことは間違いないと思われる。

学生時代に一人、この赤湯温泉に来たことがあった。斎藤茂吉ともかかわりが深い温泉場だ。温泉の記憶はほとんどないが、泊まった宿ではお客の宴会の大声が騒がしく眠れなかったことだけがよみがえってきた。そして今、令和四年七月三日、学生時代から五十年近くの歳月が流れ、こうして赤湯温泉の湯につかっている私がいる。宿の丹波館の湯は、うっすらと湯花が混じり、熱めである。肩までつかると温泉の効能が「これでもか、これでもか」と言うように身体にしみ込んで来た。古来から愛され

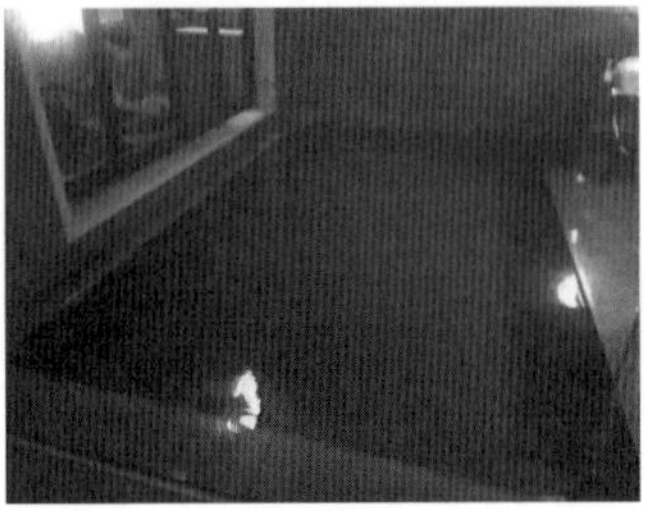
丹波館の湯船
ていた温泉だということが実感できた。

朝六時に丹波館から歩いて二十分ほどの「烏帽子の湯」共同浴場へ向かった。一番古い浴場だという。駐車場は車でいっぱい。一番早く来たつもりがもう遅い。皆、浴場に入る時に「おはようございます」の大きな声。湯から出る時は「お先に」と大きな声。その声に浴場の人が皆応える。そんな経験がない私は、自分を恥じた。脱衣所の壁には「入浴マナー」が貼られてあった。「湯につかる人の心は穏やかだ。思いやりの心で湯ったりゆっくり湯の気分を楽しむことが健康を保つことです」とあった。納得した。ここには、温泉の真髄が語られてあった。

「朝風呂は習慣なのですか」と尋ねたら、「はい」の答え。男女共に朝風呂を楽しむのだそうだ。新潟の出湯温泉でも、朝風呂は習慣化していた。確か青森の温泉地でも同じことを聞いたことがある。

脱衣場で湯上りしたおじいさんに、新潟の瞽女さんのことを知っていますかと尋ねたら、赤湯温泉で、演奏して歌っていたことを聞いたことがあるとのこと。「新潟の瞽女さんは有名だった」とも話された。やはり、赤湯に来ていたのだ。「烏帽子の湯」の湯船は楕円形で大きい。熱めの湯だが、効能を強く感じた。

一〇〇パーセントかけ流しの温泉だ。宿の近くの階段を上り散策したら烏帽子山八幡宮があった。そして温泉神社が祭られていた。

越後から赤湯温泉までの道は遠い。それでも越後瞽女は、この赤湯温泉にやってきたのだ。きっと瞽女さんたちを待っていてくれる村人たちの心持が嬉しかったに違いない。「米沢のしょは、みんな私たちを大事にしてくれたし、商売をして歩くのには

烏帽子の湯船

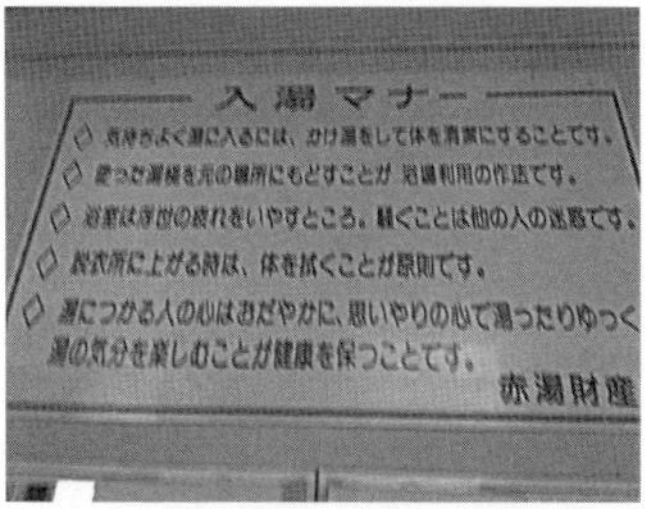


烏帽子の湯　入浴マナー

温泉神社

本当に米沢はよかったね」とのハルさんの言葉がそれを証明している。

赤湯温泉　南陽市

○泉質　含硫黄ナトリウム・カルシウム塩化物泉
　　　源泉六十・九度
○効能　きりきず・やけど・糖尿病・軽症高血圧・神経痛

―赤湯温泉旅館協同組合ホームページより―
南陽市赤湯七五四―二
電話〇二三八―四三―三一一四

六章

# 映画「瞽女GOZE」監督 瀧澤正治と入った温泉

## 1　岩室温泉　ゆもとや　新潟県新潟市

瀧澤監督とも少しずつ打ち解けてきた。今回は岩室観光施設「いわむろや」で、はさ木のイベントをやる。岩室の夏井にあるはさ木群は有名で、四季を通して写真家などが訪れる。ちょうど国上山に陽が落ちる夏の頃は、それはもう見事なものだ。また田植えが終わった頃、実りの稲穂の頃、雪のはさ木風景などそれぞれに趣があり、魅力にあふれている。

岩室　夏井のはさ木下を歩く瞽女さん（瀧澤監督が撮影）

『越後郷愁―はさ木と雁木と瞽女さんと』（新潟日報事業社）を渡部等氏と出していたので、はさ木の宝庫である岩室でイベントをやろうと二人で決めていた。瞽女唄演奏者の横川恵子さんの演奏の後、はさ木をテーマにして、瀧澤監督、西蒲区福井にお住まいの写真家、斎藤文夫さん、渡部画伯、書家の岡田凌雲さん、それに私の五人でトークを企画した。テーマは「はさ木の魅力発信」。渡部等油絵展「越後郷愁のはさ木を描く」のイベントと併せてのもの。平成二十八年五月のこと。私と渡部氏は「何人来るか当日まで不安」だったが、開始時刻が近づくにつれ、会場が埋まってしまった。もう椅子が足りない。急きょ、追加で椅子を出してもらった。

横川恵子さんの瞽女唄演奏会に集まった人々は、その瞽女唄に酔いしれる。そしてトーク。はさ木には、人々の記憶を全開させるスイッチがある。それは、家族、地域の協力という人間の根本的な繋がりを意味しているかのようだ。稲穂の香り、地域の人々の助け合い、母と父、兄弟姉妹との思い出など尽きることがない。

岩室の夏井で、関係者がはさ木を保存したのは、正解だったと確信した。間違いなくはさ木は、今も越後の風物詩なのだ。

新潟日報社の高内小百合さんも会場に来て下さった。そして瞽女文化に造詣が深く、映画「瞽女ＧＯＺＥ」に深くかかわった川野楠美さんも遠く神奈川からこの岩室までかけつけて下さった。

映画の撮影では、夏井のはさ木並木の下を歩く三人の瞽女さんを監督は撮影した。はさ木と瞽女さんは、実によく似合う。私も一緒に現場にいて、改めてはさ木の景観

露天風呂（ホームページより）

雁の湯

の美しさを再認識した。夕陽がちょうど良寛様の国上山に真っ赤に落ちる光景は、震えが来るほど感動的だった。

トークの最後には、会場の席にいらした高内さんを指名。はさ木について、まとめの話をお願いして締めてもらった。さすがに上手い。またその後には、川野さんの話もあり会場が盛り上がった。このトークが楽しくて仕方ない様子だ。場内の熱気が伝わって来た。いわむろや始まって以来の観客であったと知り、嬉しくなった。瞽女唄、トークのセットは、聞く人には面白いようだ。映画が完成したら上映と瞽女唄、展示、トークも含めセットにして沢山の人々に観てもらい、聞いてもらいたいと思った。

いわむろやのすぐ近くが、岩室温泉だ。新潟の奥座敷と呼ばれている。今回は、ゆもとやに泊まることになった。ゆもとやは、明治十三年に湯治場として創業した百四十年の歴史を持つ旅籠屋だ。監督、キッズの戸口さん、画伯、書家の岡田さん、高内さん、川野さんご夫婦、手伝いをしてくれた渡辺聡さん、そして私の七名がゆもとやの温泉につかった。岩室温泉は、弥彦山のふもとにある温泉だ。蒲原平野だから、標高は十五メートルほど。湯につかると、微かに硫黄の香りがする。特に露天風呂がいい。監督も一緒に露天風呂に入る。

もうすっかり意気投合している。温泉は人と人とを結びつけてくれた。温泉は、心と心を開いてくれる魔法の場である。イベントの成功に皆、気分が高揚していた。もちろん乾杯したビールの美味しかったこと。新潟の銘酒も、もちろん美味しかった。はさ木と瞽女さんに、人が集い酔いしれる。

（平成二十八年五月）

岩室温泉　ゆもとや　新潟県新潟市

○泉質　含硫黄・ナトリウム・カルシウム塩化物温泉
　源泉五十二・二度
○効能　神経痛・筋肉痛・関節痛・五十肩・運動麻痺・関節のこわばり・うちみ・くじ

き・慢性消化器病・疾患・冷え症・病後回復期・疲労回復・健康促進・きりきず・やけど・慢性皮膚症・虚弱児童・慢性婦人病

——岩室温泉観光協会ホームページより——

新潟市西蒲区岩室温泉九六番地一

「いわむろや」内

電話〇二五五—八二—五七一五

◇ゆもとや　新潟市西蒲区岩室温泉九一—一　電話〇二五六—八二—二〇一五

## 2　燕温泉　岩戸屋　新潟県妙高市

標高一一〇〇メートルに位置する燕温泉。新潟県の人は、「ああ燕温泉か」というくらいで、その秘湯の魅力をあまり知ろうとしない。身近すぎるせいかもしれない。

しかし、県外者をこの温泉に連れてくると、その風景と温泉の良さに感嘆し、これぞ「秘湯」だと納得する。特に露天風呂の河原の湯に連れて行くと。

河原の湯に行く途中の崖下深くには、渓流が流れている。もしも落ちたら命はままならないだろう。その分、渓流に面した宿の窓からは絶景が見える。露天風呂からの眺めも素晴らしい。〈仙境〉という言葉が浮かんでくる。ここは超豪雪地とあって、トンネルができるまでは冬季は通行不能となり、温泉客を雪上車が迎えに来たというから、まさに秘境といってよいのだろう。

駐車場に車を止めて、瀧澤監督、スタッフの戸口さん、渡部画伯と一緒に歩き始めると、硫黄が香って来た。

「今、秘境の温泉地に来た」の実感がひしひしと沸き起こる。まだ監督ともそんなに気心が知れていないので、少々不安だ。急な坂道を上ると温泉宿が見えて来た。

左は樺太館で日本秘湯を守る会の宿。その上にも三軒ほどの宿があったが、今は姿

露天風呂　河原の湯

露天風呂　黄金の湯

を消している。右の宿は花文、岩戸屋、針村屋の三軒があり、一番奥には土産物屋がある。その反対側には食堂もあり、秋には美味しいキノコ汁がメニューに並ぶ。

ここは妙高山の登山口の一つで、登山者が前泊や下山の宿としてここを利用する。また、宿泊しないまでも登山の汗と疲れをいやすために、この温泉につかる。

温泉街から十分ほど歩くと、黄金の湯という無料の露天風呂がある。男女別々の露天風呂だ。また、十五分ほど歩くと渓谷沿いに混浴の河原の湯がありこれも無料だから信じられない。協力金を入れる箱が設置してあるが、少しでも協力したいものだ。

燕温泉の人気とその魅力は、何と言っても大自然と温泉にある。全てかけ流しの温泉で湯量が半端ではない。あふれ出ているという表現がぴったりだ。それに白濁しているから、いかにも「温泉だ」と実感できる。成分は硫黄泉が主である。私は、この温泉なら「どこにも負けないぞ」との強い思いをいつも持つ、お気に入りの温泉だ。

まだ気を遣う監督たちといきなり露天風呂に入るのは、少し気が引けたので今回は岩戸屋の温泉につかった。

まず、皆で観音風呂の内湯に身体を沈めると、もう旧知の仲間だ。「ふー」と安堵の気持ちを表現して「いい湯ですね」と監督。皆頷く。すると私は心の中で「しめしめ」と思い、映画のロケ地選定などうまく行くに違いないと自信がうまれた。何事も心通じ合えばうまく行くものだ。

私は初対面の人と一緒になると、温泉に一緒につかる。そして心を通い合わせる。「温泉外交」と自分で名づけている。

よい気分になって、露天風呂の石うすの湯に誘った。目の前の絶壁のような山々に紅葉が光っている。赤や黄色やそれぞれの色で。高山ゆえに落葉が早い。十月中頃にはもう散りつくす。

岩戸屋露天風呂　石うすの湯

燕温泉旅館街

瀧澤監督はこの燕温泉が気に入ったらしく、映画場面にも取り入れようとしたことを後から知った。三月に黄金の湯を撮影しようとここに来てみたというのだ。
ところが、まだとんでもない積雪があり諦めたという。役者にも入浴シーンが了承してあったというから残念でならなかった。瞽女さんの入浴シーン。きっと話題になったに違いない。瞽女さんは、仕事と湯治を兼ねて各地の温泉地を訪ねている。もし入浴シーンが撮影されていたら、燕温泉はもっともっと有名になっていたかもしれない。有名になり過ぎて秘境感がなくなるかも知れないが――。三月の燕温泉の様子を事前に相談して欲しかったと、監督を少し責めたい気分にもなった。
皆、大満足で温泉から上がった。帰路の車の中も硫黄臭い。それだけ成分が濃厚なのだ。燕温泉の温泉外交のお陰か入浴シーンを除き、ロケ地の選定はうまく行った。温泉外交に感謝である。
尚、露天風呂は豪雪地のため、十一月から四月末くらいまでが深い眠りに入る。注意されたし。また、温泉街から離れた所に、一軒宿の燕ハイランドロッジもある。

（平成三十年十月）

燕温泉　岩戸屋　新潟県妙高市

○泉質　ナトリウム・カルシウム・炭酸水素塩・硫酸塩・塩化物温泉

四十三・五度

○効能　リュウマチ・神経痛・創傷・婦人病・筋肉痛・運動麻痺・慢性消化器病・冷え症・疲労回復・病気回復期など

―岩戸屋ホームページより―

妙高市関山六〇八七

電話〇二五五―八二―三一三三

◇妙高高原観光案内所　妙高市大字田口三〇九―一　電話〇二五五―八六―三九一一

## 3　矢代温泉　友楽里館《ゆらりかん》　新潟県妙高市

友楽里館は、妙高市矢代地域にある。矢代地域は、高田瞽女の杉本キクイさんたちがいつも訪れていたところ。人情に厚く地域がいいのか、ここへ来ると心がほっとする。心が穏やかになるのを感じる。

瞽女宿は、西野谷では、「えせえむさ」、「じいむさ」、「五郎衛門」があり、両善寺では「源四郎」がそれである。

『越後瞽女日記』には、次のように記されている。

　ここのいせえむさ、じいむさ、五郎衛門の家によく泊まった。じいむさでは二週間もの長宿をした。夜明して歌ったこともある。主人に戦時中は炭をよくもらった。五郎衛門のところでむじなをたべて頭の髪の毛の中がかゆくてなって困った。岡沢や西野野には「よいなや」という踊りがある。

このように高田瞽女はこの矢代地域に瞽女宿があり、心ゆるせる場所であったことがうかがえる。この地域にある温泉施設友楽里館。都会の人が来るとふるさとに帰ったような心になり、リピーターが多いと聞いた。

矢代米というお米が実に美味しい。ここに泊まると宴の〆に、このおにぎりが出る。これがたまらなく美味しい。

友楽里館

瀧澤監督、脚本の椎名さん、プロデューサーの戸口さん、建築家の松井氏、千代の光酒造社長の池田さん、新潟日報社の高内さん、その友人の富永さん、書家の岡田さん、渡部氏など十三人が集まった。映画撮影の前段階で、まあ皆で美味しいものをいただき、「心を合わせようや」の会のようなものだ。

岡田さんのご主人である耕作さんは蕎麦打ちの名人で、岡沢集落に一郷庵を構えていて、県内外にその名を知られている。この友楽里館で千代の光酒造の特別なお酒を味わい、美味しいお蕎麦を食べるのである。岡田さんのご主人は、そのためにガスと大きな鍋をわざわざここに運び、寒いのに外にそれを設置して蕎麦を茹でて下さった。

映画の撮影地候補のことや、役者のこと、これからの撮影スケジュールのことなどを話題にしながら、千代の光社長さんがここでしか飲めない特別な銘酒を提供して下さった。それを飲みながら盛り上がった。美味しいので皆笑顔が絶えない。すると明るい話題となる。これも瞽女さんと村人たちとのよい関係に似ているなと思ったりした。最後は、一郷庵のお蕎麦をいただく。

「美味しい」、「美味しい」

の声があちらこちらから出た。日本酒とお蕎麦、これは最高のコンビと言ってよいだろう。笑顔になると良い案が生まれる。ここの話から、千代の光のお酒に「瞽女」のラベルが生まれることになった。映画の発表会やイベント時に、この酒がお土産などになるのだ。そうそう、肝心な温泉のことが最後になってしまった。この温泉は、矢代温泉といい、昔炭焼き職人が身体をいやした大毛無山の「湯の谷」の鉱泉を引いているとのこと。温度は十・三度しかなくそれを沸かしている。単純硫黄冷鉱泉である。

矢代温泉湯船

千代の光酒造清酒「瞽女」
映画タイトルと同じ岡田
凌雲氏による書

近くにスキー場があり、多くの客が帰りに利用していた。また地域の活性化にも大いに貢献していた。

温泉は地域の人々をいやし、その活性化にも役立つ。杉本キクイさんたちが来た頃はこの温泉は残念ながらなかったが。

映画「瞽女ＧＯＺＥ」の監督と一緒にこの温泉につかり、これからの撮影場所のことなどを話している。きっとキクイさんたちも応援してくれるに違いない。
小さいながら、よく温まる矢代温泉。

しかしながら、この友楽里館は、監督たちと一緒に泊まった翌年の令和元年に休館してしまった。残念でならない。再開の可能性もあるとのこと。

（平成三十年十一月二十四日　泊）

矢代温泉　友楽里館　新潟県妙高市

○泉質　単純硫黄冷鉱泉

十・三度

○効能　神経痛・筋肉痛・やけどなど

◇友楽里館　妙高市大字西野谷新田二五六—一

## 4　玉梨温泉　恵比寿屋　福島県大沼郡金山町

画家の渡部氏と「まだかまだか」と待っている。瀧澤監督が来るのを、待ち続けている。まだ、春は遠いようだ。画家と私は、夕方四時頃に宿に着いた。そして監督を待つ間、恵比寿屋の内風呂と露天風呂につかった。野尻川の渓流の流れを聞きながらゆっくりと。

「待つ方が辛いか、待たせる方が辛いか」は、太宰治の言葉。おそらくその両方の気持ちで、今か今かとお互いがその心を想い合っていた。

この温泉地は、南会津地方の大沼郡金山町にある玉梨温泉。今晩の宿泊場所は恵比寿屋だ。漫画家のつげ義春は、昭和四十五年にこの玉梨温泉に来ている。この取材をヒントにして七年後に「会津の釣り宿」という作品が完成した。

それでも監督がなかなかやって来ない。部屋の窓から風景を眺めていたら、宿のすぐ近くに赤い屋根の共同浴場が見えた。

「行って見よう」

とすぐに決まった。宿から坂道を五分くらい下ると温泉はそこにあった。初めて入る温泉は特に心がときめく。いかにも共同浴場らしい屋根が特徴的だ。

男女別の入り口があり、温泉に入る。脱衣場は男女別々だが、内の湯船は一緒だった。つまり混浴である。湯船に

恵比寿屋　内風呂

は中年の男女が入っていたが、我々が入ると、じきに上っていった。管から湯がどんどんと湯船に流れ出ていた。正真正銘一〇〇パーセントかけ流しの温泉だ。八町温泉共同浴場という。中は清潔感ある温泉場だ。福島の温泉は、男女別の入り口があり、内が一緒の混浴も多い。さらに驚いたのは、西山温泉では、脱衣場もお風呂も男女一緒だった。貴重な体験をした。脱衣場も一緒！驚嘆した。それが昔からの文化なら、そんなに驚くこともないのだろう。

八町温泉共同浴場

下駄を履いて画家と二人で宿の外で監督を待つ。もう夜の七時を過ぎた。すると暗がりの中から、監督が運転するワゴン車が見えてきた。二人は手を振って出迎えた。三人一緒に恵比寿屋の内風呂と、露天風呂につかった。監督は目を閉じて運転の疲れをいやしているようだ。心の中は「ふー、じょんのび」と言っているに違いない。温泉は心身を回復する特効薬なのだから。

今回この玉梨温泉に来たのは、映画の撮影場所を探すためだ。越後瞽女の小林ハルさんは、八十里越を歩いて三回この南会津に来ている。最初の旅では、峠の途中の山小屋で二泊してようやく南会津に着いたという。ハルさん七つの時の初めての長旅であった。想像もつかない難儀な旅だが、ハルさんは弱音を吐かなかったというから凄い。

翌日監督と三人で、叶津《かのうづ》に行った。新潟県の下田村から八十里越を歩いてたどり着く最初の集落が入叶津である。叶津には「番所」と呼ばれる昔ながらの庄屋風の建物がある。中も見せてもらった。大きな囲炉裏があり当時が偲ばれる建物だ。この集落で、瞽女さんたちは瞽女唄を歌ったのだろう。村人が集まり瞽女唄を聴く姿を想像した。

残念ながら、映画の撮影は南会津では行われなかった。しかし、映画の中でハルさんたちが川を渡るシーンがあるが、その先の峠を越えてたどり着くのが入叶津である。監督の心の中には、南会津の風景の中を瞽女さんたちが歩く姿がくっきりとインプットされたに違いない。さて、三人が宿泊した恵比寿屋さん。

玉梨温泉　水木しげる画の前で
著者（左）と瀧澤監督

ロビーに入ると河童の画が飾られてあった。それも三十号くらいの大きな画だ。見たことのある河童たち。そうだ、水木しげる氏の画に違いない。水木さんもこの宿に宿泊したのだろう。

朝風呂に入った。つげさんも水木さんも監督も画家も、そして過去に様々な人がこの温泉につかった。そう思うと流れ出るかけ流しの温泉に、その人たちの「じょんのび」と思った心が湯音と一緒に伝わってくる気分になった。河童もここに入ったのかな。そういえば内湯は「河童の湯」であった。

都会人が憧れる南会津地方の温泉。確かに心を捉えるものがあるようだ。人間的な何かが。川の反対側には、玉梨温泉共同浴場がある。

(平成三十一年三月二十九日泊)

玉梨温泉　恵比寿屋　福島県大沼郡金山町
○泉質　ナトリウム—炭酸水素塩・塩化物・硫酸塩泉
温度は四十三度~四十四度　源泉かけ流し
○効能　神経痛・筋肉痛・関節痛・五十肩・運動麻痺・関節のこわばり・うちみ・くじき・

冷え症・慢性消化器病・疲労回復・健康増進など
—恵比寿屋ホームページより—
大沼郡金山町玉梨横井戸二七八六—一
電話〇二四一—五四—二二一一

※玉梨八町温泉共同浴場と玉梨温泉共同浴場がある。

## 5　桑取温泉　くわどり湯ったり村　新潟県上越市

桑取谷は雪が深いところだ。この地域では、昔からの伝統行事が今もたくさん残っている。一月十四日から十五日の「鳥追い」、「みそぎ」、「嫁祝い」、「塞ノ神」は、現在も行われていて何百年も前から続く小正月の伝統行事だ。

白山神社　鳥追い出発前の子どもたち

鳥追いは、粉雪が降る中を、小中学生が一緒になり、藁の箕を着けて（いかにも雪国らしい）、先頭が太鼓を叩き一列になって唄を歌いながら集落を回る。今回見たときは、この地域に住んでいる外国人の子どもも、一緒に歌い回っていた。伝統行事に国境はない。近年は小中学生の数も減っているので、他地域からの子どもも一緒に参加するようになったと聞いた。

コーリャどーこの鳥追いだ。ダイロウドンの鳥追いだ。
シロオ（しり尾）切ってかしら切って、コンダワラ（小俵）へほうらいこんで佐渡ヶ島へホーホ、こうもりも鳥のニンジョ（仲間）でホーホ～♪」

私は二回この鳥追いを見ることが出来た。二回とも、ちょうど粉雪が舞って鳥追いにふさわしい雪国の光景だった。出発前に白山神社で記念撮影が行われた。子どもたちの何と可愛い姿か。雪の精―まさに雪ん子である。一列に並びながら太鼓を叩き歌う姿をみると、心が締め付けられた。それは、自分が既に失った純粋な心をそこに見たからだろうか。真っ白な世界にこそ、それはふさわしい。

かつて、この桑取谷の生活を写真家の濱谷浩が記録した。それは写真集『雪国』の中に収められている。その他にも横畑集落の「馬」という行事もあり、当日は多くの見物客が集まる。五穀豊穣と人々の幸福を祈る行事だ。

この桑取谷には、昔ながらの庄屋のような家があり、それを活用して地域の活性化に役立てている。瀧澤監督は、この建物を見に来た。瞽女宿として撮影できないだろうかと。そして雪の中を歩く瞽女さんを撮影するために。

三月だというのに、まだ雪はたっぷりとあった。道路の両側は、除雪車が排出した雪で高い壁になっていた。

監督はその雪の壁を何回も撮影している。また、遠景として雪国の情景も撮影した。監督とスタッフの戸口さんは、手袋をしているがそれでも寒くて仕方がない様子だ。ならば温泉しかない。撮影場所から坂道を車で五分ほど上がると、くわどりゆっ

露天風呂

大浴場（ホームページより）

桑取の雪の壁に立つ瀧澤監督

たり村―というりっぱな温泉施設があった。駆け込むように温泉につかった。

外には大きな露天風呂がある。空気は冷たいが内は、ポカポカ。心も温まった。温泉はじょんのび製造機だ。露天風呂の周囲は雪がまだたくさん積もっている。まさに雪見風呂である。大浴場、寝湯、季節の薬湯、ミストサウナもあり楽しむことができた。雪国なら尚のこと、温泉はあるべきだと思う。太陽がない日が幾日も続き、精神のコントロールが必要な雪国の生活。温泉があれば、精神も健康になること間違いない。

高田瞽女は、この桑取谷…桑取村をかつて巡業していた。桑取川沿いに集落が点在しているが、『越後瞽女日記』には、しっかりと集落名と瞽女宿が記されている。例えば、大淵の酒屋、土口の大屋、横畑のそいむさなどというように。

今も残る伝統行事、それには地域の人々の協力がなくては持続できない。今はこれらの伝統行事は、「かみえちご山里ファン倶楽部」が中心となって行っている。情に厚い桑取谷で、瞽女さんたちはその情けをいただき、三味線と心に響き渡る歌を村人たちに届け続けて来たのだろうと、温泉につかりながら思いを巡らせた。そして、映画「瞽女ＧＯＺＥ」の撮影がうまくいくようにと湯の中で祈った。

（平成三十一年三月）

桑取温泉　くわどり湯ったり村　新潟県上越市

○泉質　アルカリ性単純泉

○効能　神経痛・筋肉痛・関節痛・五十肩・運動麻痺・関節のこわばり・うちみ・くじき・慢性消化器病・痔疾・冷え性・病後回復期・疲労回復・健康増進

―くわどり湯ったり村ホームページより―

上越市皆口六〇一

電話〇二五―五四一―二六一一

# 6　高瀬温泉　あらかわ荘　新潟県岩船郡関川村

新潟県は広い。長野県と県境の妙高市から下越地域の胎内市まではとても遠い。高速を飛ばしても三時間近くもかかってしまう。

胎内市美術館企画の「越後瞽女の魅力と瞽女唄演奏会」のイベントに参加した。瀧澤正治監督、瞽女研究家の川野楠己さん、書家の岡田凌雲さん、新潟日報社の高内小百合さん、画家の渡部等さん、そして国見が参加して座談会を行った。

座談会の前に、小林ハルさん最後の弟子である萱森直子さんの瞽女唄演奏会も予定している。

胎内市美術館—最初は県北と呼ばれる地域のどのあたりにあるのだろうかとなかなか見当がつかなかった。中条駅から車で山の方へ入っていくと、美術館が現れた。この美術館にどのくらいの人が来るのか見当がつかず、少し不安だった。渡部氏と顔を合わせると「人が集まるのかな」の言葉がすぐに出てくる。

しかし、開館まじかになると、来るわ来るわ、駐車場があっという間に埋まってしまった。最初に設けた五十ほどの席がすぐに満席となった。関係者は大慌てで椅子を出して並べていた。

左から著者、萱森直子、岡田凌雲、瀧澤監督

胎内市美術館　会場にて　後ろは画と書と詩の展示
左から著者、岡田凌雲、瀧澤監督、川野楠己、渡部等

座談会の様子

第一日目は、座談会「越後のはさ木と瞽女」がテーマ。越後瞽女とはさ木についてスタートした。越後の風物詩と呼ばれたはさ木風景。それは瞽女さんが歩く姿と重なる。その思いを語り合った。監督は映画の撮影で、はさ木風景をたくさん撮影した。その時のことを話した。高内さんは、はさ木の歴史や文化などを話し、今なぜ消えたのかなどを熱く語った。その後も、はさ木と瞽女さんが私たちに残したものは何か、生きる上での根源的なことに結び付くのではないかなどと意見交換した。岡田さんは、映画のタイトルになった「瞽女」の書が完成するまでの苦労話などを披露した。川野さんの絶妙で緻密な司会が光った。

胎内市に隣接している関川村は、雲母《きら》温泉、高瀬温泉、鷹ノ巣温泉の三つがある。まだ二十歳の学生の頃に、一人でこのどこかの温泉に泊まった記憶がある。荒川沿いの温泉地――雲母温泉かも知れない。

今夜の宿泊場所は、高瀬温泉の光兎の宿――あらかわ荘。名前のとおり、荒川が近くに流れている。夕食前にまず楽しみな温泉につかった。

少し熱めのかけ流しの湯に入る。皆、今日のイベントが成功して嬉しくて仕方がない。生きている実感が、温泉の中から湧き出てきた。

「うおー、うおー！　みんなでがんばったぞ」

と声が出た。

この温泉の湯船は、古代檜でできている。やはり木の湯船は落ち着く。古代檜だから、人間の愚かな営みの歴史を知っているようで、こちらも心がほぐれてきた。川野さんも監督も画伯も、みな笑顔である。やり遂げた充実感は、自然に笑顔となって表れる。ましてや温泉につかっているのだから、なおのことだ。

あらかわ荘の古代檜湯船

温泉の後は楽しみな夕食。関係者も集まり、楽しく語り飲み食べた。満足、満足。生きている実感パンパン、今にも弾けそうだ。翌日は、朝湯にも入りじょんのび満開。すっきり心身。

二日目は、午前中に「越後瞽女の魅力」をテーマに座談会と、瞽女唄演奏会が行われた。座談会はまず「私にとっての瞽女さんの魅力」についてズバリパネラーに問いかけた。その後、「瞽女はなぜ新潟に残ったのか」や「瞽女唄と瞽女の生き方に学ぶ」などをそれぞれの立場から話してもらった。

そして萱森直子さんの瞽女唄演奏会が始まった。会場内は静まり返った。迫力のある瞽女唄である。萱森さんの歌を聴くとこちらが、襟を正さずにはいられなくなる。自分が不真面目で悪いことをしている気持ちになり、

「すみません、ごめんなさい」

と謝る自分に気づく。彼女の語りのうまさも定評がある。萱森さんのファンがたくさんいるのも頷ける。

結局百名を超える人が集まった。美術館始まって以来の観客の前で、トークと瞽女唄演奏会が行われた。そして瞽女をテーマにした画と書と詩の展覧会も、沢山の人が観て下さった。成功した充実感があった。聞きに来て下さった観客の皆様も満足の様子だった。こちらも喜び、観客も喜ぶ。この関係は、村人と瞽女さんとの良い関係に似ていると思った。

イベントが無事に終了して神奈川へ戻られた川野楠己氏より、次のメールが届いた。

嬉しいことだ。

二日目入場者一〇三人。美術館オープン以来の記録を打ち立てたとのこと。絵があり、書があり、詩あり、瞽女唄があり、映画への期待がある。という深い厚みのある展覧会で、わが郷土を見直しました。と云ってくれた農家の主婦がおられました。

教育長も喜んでもらいました。お疲れ様でした。

小林ハルさんは、この温泉近くに住んでいたことがある。その頃は苦しい日々が続いたようだった。温泉が三つもあるこの地域。ハルさんはきっと温泉につかり、日々の辛さをひと時だけでも忘れたことがあったのだろう。この温泉力によって。

（令和元年九月二十一日、二十二日　泊）

古代檜についての説明があった。

古代檜とは、海抜二五〇〇メートル以上の山深い地に、二千年以上も根をはった檜が地震・落雷等により、生木のまま倒木したものです。ご神木とも呼ぶべき

貴重なこの木は、肌当りがやわらかく、いまなお木の香りがただよい、温泉での
くつろぎをいっそう深めてくれます。

高瀬温泉　あらかわ荘　新潟県岩船郡関川村

○泉質　ナトリウム・塩化物・硫酸塩泉（低張性・弱アルカリ・高温泉）
六十九度

○効能　神経痛・筋肉痛・関節痛・五十肩・運動麻痺・関節のこわばり・うちみ・くじき・
慢性消化器病・痔疾・冷え性・病後回復期・疲労回復・健康増進
―あらかわ荘ホームページより―
岩船郡関川村大字湯沢三〇八
電話〇二五四―六四―二一一八

◇えちごせきかわ温泉郷旅館組合　岩船郡関川村大字下関一一〇―二

## 7　池の平温泉　ホテルセゾン　新潟県妙高市

電話〇二五四―六四―一三四一

池の平温泉は、信州の池の平温泉と間違われることがある。妙高市の池の平温泉が、今回の宿泊場所だ。

ホテルセゾンは、上越市中郷区の岡沢集落にお住いの方が経営している。映画「瞽女ＧＯＺＥ」の「瞽女」のタイトル文字を書いた、書家の岡田凌雲さんも同じ岡沢集落にお住まいだ。セゾンのご主人も同じ岡田さん。岡田忠勝さんは人情あふれる方で、その人柄を慕いこの宿に泊まる常連客も多いという。今回監督がここに来たのは、撮影も進んだので、ひと息つきたい、温泉に入りたいということが理由だ。人間誰でもひと息が必要だ。

夕食時はお刺身や魚の煮つけなどの絶品。元々鮮魚店をやっていたから、魚関係は特に美味い。魚の仕入れを自分でなさる。だから間違いなく美味しいのだ。

料理にお酒にと舌包みを打ちながら、なごやかに夕食が終わりロビーでくつろいでいると、ご主人が地酒を出して下さった。妙高市には酒蔵が三軒。千代の光、君の井、鮎正宗酒造があり、皆それぞれの味わい深さがあり美味しい。

ご主人も一緒に飲みながら、「このビデオテープを見て」という。ロビーの大きなテレビ画面にモノクロで映しだされたものは、岡沢集落で村人と一緒に三味線を弾き、歌う瞽女さんの姿であった。何と高田瞽女の杉本キクイさんたちである。

その映像に感動した私は、「村人に迎えられた高田瞽女—春駒と高田瞽女の共演」と題して、令和二年秋の瞽女ミュージアム高田が発行する「瞽女文化だより」にこのことを掲載した。ここに再掲載する。

瞽女さんは、迎え入れてくれる村人がいなければその生業は成立しない。「瞽女さん、そろそろ来るかな」、「村人たちが待っているかな」という、迎える者、迎えられる者の関係がなければならない。その証拠を示した、一つの記録がある。

「岡沢の春駒　郷土の芸術民踊編　岡澤同志会」のＤＶＤが手元にある。「春駒と高田瞽女の共演」のタイトルで次のような解説があった。

「一九六三年（昭和三十八年）に記録された春駒のフィルム映像が今回発見され、新潟大学の協力を得て、現代に蘇りました。その映像の中で春駒と高田瞽女の共演がなされていました。大変貴重な映像です」

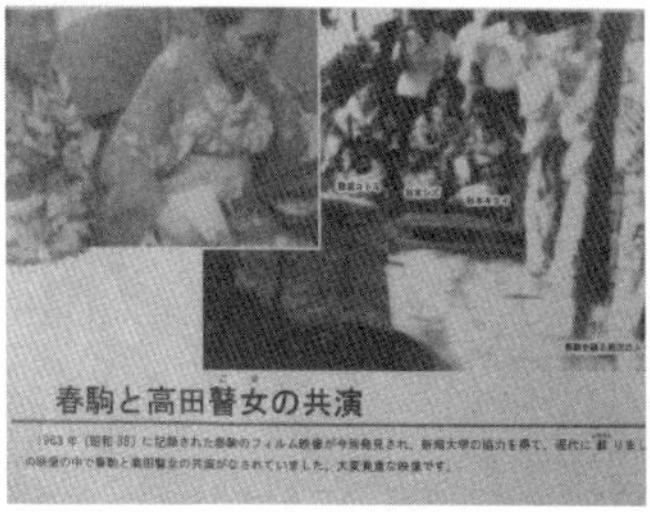

左二人は、杉本シズ、杉本キクイ　右三人は、難波コトミ、杉本シズ、杉本キクイ

この解説文と一緒に、杉本キクイ、杉本シズ、難波コトミさんと岡沢の人々が写っている。舞台は、夏の岡沢集落の上方にある観音堂広場。実際に映像をみると、瞽女さんの三味線、唄、村人の太鼓、笛に合わせて村人が楽しそうに踊っている。老人も小学生も赤ちゃんも村中の人が集まり、手を叩いて楽しんでいる。踊り用の衣装を着た村人たちが、春駒踊り（十二種類くらい）を踊りあかす。キクイさんたちは、三味線を弾き歌って手を叩く。瞽女さんと村人たちが一体となっている様子が伺える。どうだろ

妙高山といもり池

ホテルセゾンの湯船

う、この一体感と満足げな表情は。生きているエネルギー、喜びが伝わってきた。

この映像から、いかに高田瞽女が村人に迎えられていたかが理解できる。漂泊者や大道芸人と違い、村人から迎えられていた確かな存在としての高田瞽女。人との関係が希薄になった現代生活。村人と瞽女さんとの関係を見つめ直してみることも、現代に生きる私たちの使命なのかもしれない。（このDVDは、岡沢在住の岡田忠勝様から提供頂きました。瞽女ミュージアム高田に置いてあり視聴できます。）

ホテルセゾンに宿泊したお陰で、この貴重な画像に出合うことができた。これも瞽女さんの縁と思っている。

宿の湯船には、かけ流しのお湯がこんこんと流れ続けている。私も監督も画家も、このかけ流しの温泉が大好きだ。よく温まる温泉だ。開放的な湯船の大きな窓からは、高原らしい白樺などの木々や植物の風景が見える。また、晴れの日には、食堂の大きな窓から日本百名山の妙高山が、それはそれは雄大な姿をどーんと見せてくれる。標高七六〇メートルの池の平温泉。このセゾンに、監督は二度泊まっている。

（令和元年十二月二十一日　泊）

池の平温泉　ホテルセゾン　新潟県妙高市

○泉質　単純硫黄泉
七十二度

○効能　神経痛・リューマチ・婦人病

―ホテルセゾンホームページより―

妙高市関川二四一三―五
電話〇二五―五七〇―二五五〇

※令和四年、池の平温泉は開湯百年を迎えた。

◇池の平温泉観光協会　妙高市関川二二七五―二六　電話〇二五五―八六―二八七一

## 8 大湯温泉　源泉湯の宿かいり　新潟県魚沼市

魚沼市小出郷文化会館で上映が行われる。これに併せて瞽女をテーマにした渡部等の画、岡田凌雲の書、そして私の詩が展示された。令和二年十一月十日から二十一日まで。この展示と映画を観てもらい、さらに瞽女唄演奏会、そして瀧澤監督の話を聞けるのは、とても贅沢な上映イベントだと思う。

「瞽女さの来た道」展のテーマを展示した文章を記す。

「瞽女さの来た道」展に寄せて

盲目の瞽女さんは、十五キロもの荷物を背負い、行き先で待つ瞽女宿の人と村人に会うために、一日に十キロ以上も歩きました。また福島への旅に出るときは、六十里越、八十里越などの難儀な峠道も歩きました。小出郷では、大湯温泉や栃尾又温泉までも出かけました。

瞽女さんの歩く風景は、人々の記憶を再生し心のひだに入り込み、そのひたむきな生き方は、混迷した現代人への羅針盤となります。その生き方に深く感銘した瀧澤正治監督の映画「瞽女ＧＯＺＥ」が新潟県や全国でも公開の運びとなりました。

この展覧会は、瞽女さんをテーマにした画と書と詩です。また、瞽女さんが歩く風景として欠かせないはさ木風景も、大きなテーマとなっています。

深い人間性に満ちた瞽女さんの心とその風景を、この画と書と詩によって感じていただければ幸いです。二〇二〇年は、最後の瞽女と言われた三条市出身の小林ハルさんの生誕一二〇年です。

展示の機会を下さいました魚沼市小出郷文化会館に、深く感謝申し上げます。

二〇二〇年一一月
渡部等　岡田凌雲　国見修二

十一月二十一日（土）午前、午後の二回上映イベントは実施された。瞽女唄演奏者

同会場の休憩室　左から著者、横川、瀧澤監督、阿部

小出郷文化会館　展示会場

は、六日町在住の横川恵子さん。監督の話は、上映の後にある。午前中から上映が始まるので、監督と阿部氏は当日の一回目上映が終わるまでに集合することになった。

開演の時間前にはたくさんの人が集まって下さった。展示を観る人も結構な数だ。ここ魚沼市は、情に厚く瞽女さんを心から受け入れて来た地域だ。瞽女さんの思い出を知る人も多い。

まず映画「瞽女GOZE」を上映した。その後、東京から駆けつけた瀧澤監督の挨拶があった。映画を観た人は、監督の話を聞けるので興味津々のようだ。監督は、映画を作るきっかけになったことや、撮影のこと、主役のことなどを話し、観客は興味が尽きないようだ。

監督の力は大きい。その後、横川恵子さんの瞽女唄演奏会がスタートした。横川さんの透き通るような声に、会場が静まり返った。目を閉じて聴き入る方も多い。会

岩風呂（ホームページより）

腰掛の湯

場の人々の心に瞽女唄が響き渡った。このイベントを午後も繰り返した。大成功だった。観客の満足そうな顔。監督も私たちも人々を見送った。心が晴れやかである。
六時過ぎに会場を後にして、ここから車で二十分ほどの所にある大湯温泉に向かった。宿は、源泉湯の宿かいりである。大きいホテルだ。夕食前にさっそく湯につかった。このホテルのすぐ近くには、瞽女さんが泊まっていたという東雲荘があったという。しかし今はもうない。

ゆの宿には七つのお風呂　七湯巡れば、七つの神様のご利益があるとか…熱からず、ぬるからず、大湯の湯が楽しめる七福の湯

このように宿の温泉の宣伝がされている。監督、阿部氏、渡部氏、私の四人で七福の湯につかった。四人の笑顔で、今日の上映イベントの達成感が分かる。皆よい気分だ。内風呂は大きくて開放的だ。腰掛の湯もいい。そ

れに陶器でできた陶の湯、寝湯もある。さらに岩風呂もあり、心身を解放した。今日の成功を湯の中で祝いあった。

そして瞽女さんの生きる力、たくましさを思いながら湯につかっている。瀧澤監督は、瞽女さんの圧倒的な生き方に心奪われ、この映画を作ったのだ。確かに瞽女さんの持つエネルギー、生きる力、人々への配慮、芸への修練など私たちは瞽女さん学べることが多いようだ。映画を観た人々の心に、瞽女さんのたくましい生きる力が宿ったことと確信している。

豪雪地の魚沼市。瞽女さんが来ていた地域で、上映とイベントができたことに感謝したい。温泉につかりながら、上映後に監督と一緒に映画と瞽女さんの座談会をやったらどうかとひらめいた。これが今後の上映時に監督と渡部氏と一緒にトークという形で実現することになる。

夕食でいただいたビールと地酒の美味しかったことは、いうまでもない。プロデューサーの阿部さんはいろいろな話題を持っていて、話が尽きない。嬉しいのだろう。満足した小出郷文化会館での上映イベントと大湯温泉であった。清流佐梨川も喜んでいるように音を立てて流れていた。

（令和二年十一月二十一日　泊）

大湯温泉　源泉湯の宿かいり　新潟県魚沼市

○泉質　単純温泉（低張性弱アルカリ性温泉）

源泉三十八度〜五十三度

○効能　神経痛・関節痛・うちみ、くじき・慢性胃腸病・冷え性・痔病・病後回復期・

筋肉痛・疲労回復・健康増進等

—源泉湯の宿かいりホームページより—

魚沼市大湯温泉三〇一

電話〇二五—七九五—二三一一

## 9　越後長野温泉　嵐渓荘《らんけいそう》　新潟県三条市

幾十多飛《いくそたび》（いつもいつも何回も何回も）
夢に通いし
故《ふる》さとの
水はうるはし
山はうるはし

諸橋轍次博士

「瞽女の越えた峠」をテーマのサミットに参加するため、越後長野温泉に前泊した。三条市の八十里越フォーラム二〇二一年のイベントで、最後の瞽女と言われた小林ハル生誕百二十年（令和二年）記念事業の一環として開催された。

第一部はミニ講演として「山形黒沢峠」を黒沢峠敷石道保存会事務局長の岡村俊春さん、「上越の七つの峠」を私、第二部では、「瞽女の越えた峠」をテーマにしたパネルディスカッションが行われた。講演者二名と、「十三峠」の片倉尚さん、ＮＰＯ法人しただの里理事長大竹晴義さん、そして第三部は映画「瞽女ＧＯＺＥ」の監督、瀧澤正治氏が「映画の全てをお話しします」のタイトルで、会場を盛り上げた。

この総合司会を、元ＮＨＫエグゼクティブアナウンサーの國井雅比古氏が務めた。三条市体育文化会館マルチホールには約二百名が集まった。大竹氏がキーマンで、その情熱と行動力は人を惹きつける。すると人が集まる。そして楽しい。

八十里越は、小林ハルさんが福島の南会津方面へ行くために通った難儀な峠道。その道を保存するために大竹氏を中心に、年何回も峠の草刈り作業を行って、通れるように峠道の確保に努めている。

國井雅比古氏は、日本トレッキング協会会長。大竹さんと國井氏との出会いは深く一緒にサミットを開き、実際の峠道を歩き山形の黒沢峠へと繋がって行った。人が人を呼ぶのだ。國井氏はお酒を愛する。つい飲み過ぎるので、明日の司会は大丈夫だろうかと心配したが、さすがにプロである。飲みながらもメモをしっかりと取り、当日は見事な落ち着いたユーモアあふれる司会を務めあげた。プロはプロだと感心するばかり。國井氏はこの嵐渓荘に、かれこれ四、五回泊まっているとのこと。やや温めの温泉がゆっくりと心にも染み渡ってくる。

瀧澤監督は、映画制作のエピソードを披露。下田地区の川に丸太を渡し、そこを瞽女さんが渡る場面を想定した。しかし出来上がった橋は、丸太の上に板が張られ、しっかりとした橋になってしまいがっかりしたことなどを楽しそうに話された。「ゴーゴー」と音を立てて流れる渓流。実際の瞽女さんも大変だったろうと想像する。完成した映画では、この橋を渡る子どものハル役、のんちゃんの迫力ある演技が心を強く打った。

この温泉から十キロ近い集落が吉ヶ平。今では定住者は誰もいない。ここは八十里峠越えの出発地点。小林ハルさんたちは、当時、吉が平にあった瞽女宿に泊まり、そこからスタートした。峠道のアップダウンを繰り返し登りながら進んだ。峠の真ん中あたりの山小屋で泊まり、南会津の入叶津に着いた。その近くの村でハルさんは親方に意地悪されて、ひと晩を一人で外で過ごすことになった。本人は、なぜこうなったのか知らなかった。親方が教えない唄をハルが村人に歌ったのが原因だった。

八十里越の名前の由来は、実際は八里の峠道だが八十里も歩くような難儀な峠道なのでこの名前がついたとのこと。数年後にはトンネルができて開通するという。この峠道をハルさんは三回通っている。難儀な峠道―大竹さんに誘われたがまだ登っていない。十時間以上も歩かなければならないのだ。険しい峠道を。

下田村で忘れてならないのは、『大漢和辞典』を編纂した諸橋轍次博士。博士は、下田村出身の漢学者である。この嵐渓荘に泊まり、冒頭の歌を残している。

皆で温泉につかった。心が和み満たされていく。やや温めの温泉である。内湯もよ

登録有形文化財建物玄関

露天風呂

内湯

し、そして露天風呂もいい。守門川がすぐ近くに流れている。今はこの温泉が大人気だそうだ。大自然に抱かれた温泉地。湯につかり目を閉じれば、悩みも消える。争うことがばかばかしくなる。都会人にも人気の温泉で予約が取りにくいとのこと。

湯から出た後は、新潟の地酒、そして片岡さんがお土産の山形の地酒との競演となった。大竹氏は宿のご主人と懇意だから、もちろん一緒の宴会である。同じ目的で集まり、飲み語ること。そしてそこに温泉があること。それは現世の極楽浄土であろう。じょんのびな嵐渓荘のひと時であった。

目をつむり温泉につかっていたらハルさんが、

「おめたち、こんなにいい温泉に入れるのだから、もっとがんばれや」

と、励ましの声が聞こえた。

（令和三年三月六日　泊）

越後長野温泉　嵐渓荘　新潟県三条市

○泉質　ナトリウム塩化物冷泉鉱泉
　　　源泉十六度
○効能　火傷・切り傷・汗疹・冷え性・婦人病・神経痛・肩こりなど
　　　　　　　　　　　　　　　―嵐渓荘ホームページより―
　　　三条市長野一四五〇
　　　電話〇二五六―四七―二二一一
　　　建物は国登録有形文化財
　　　日本秘湯を守る会会員

## 10　会津芦ノ牧温泉　芦ノ牧プリンスホテル　福島県会津若松市

只見町から南会津町への道路沿いには、たくさんの家々が建っている。アユ釣りの宿があり、旅館なども結構ある。それに花泉や男山、国権など地酒の看板も多い。家が並び、集落も各地に点在している。

妙高の新井駅から出発し新津駅で磐越西線に乗り換え、会津若松駅に着いた。そこで、また乗り換えた。すると座席の通路反対側に見たことのある女性が座っていた。

「えーと、誰だっけ」

と思案していると、「そうだ瞽女唄演奏者の萱森直子さんだ」と分かった。彼女もお蔵入り交流館を目指して新潟から乗っていたのだ。挨拶を交わして会津田島駅で下車。映画「瞽女GOZE」の上映とイベントは明日だが、前泊しないと間に合わない。監督とは明日ここで合流予定。

会津田島駅に着くと、渡部氏が車で出迎えてくれた。いつもお世話になる。まず、会場となるお蔵入り交流館を見せてもらう。南会津町のお蔵入り交流館は、りっぱな文化ホールだった。係りの人も親切だ。明日は成功するだろうと、勝手に決め込んだ。

宿に荷物を預け、渡部氏と夜の田島の飲み屋を探して歩く。寒い。新潟の寒さとは比較にならない。小さな飲み屋に逃げ込んだ。女将さんは、青森出身とのこと。花泉、国権の熱燗をいただく。幸福なひと時。翌日はいよいよ上映とイベントが行われる。

当日は、ぞくぞくと人が集まってきた。駐車場も埋まって来た。

まずは、萱森直子さんの瞽女唄演奏会だ。小林ハルさんの弟子だけあっていつ聴いても心に響いて来る。新潟県の下田から八十里越えを上り、只見に来た越後瞽女。田島に比較的近い昭和村には、瞽女宿があったというから、ここ田島にも来ていたに違いない。

上映が終わるといよいよトークが始まった。司会は黒澤明監督と一緒に長年仕事をしてきたタック阿部さん。アメリカに在住しているが、この映画の撮影時から日本に帰ってきて、準備から写真撮影など献身的に仕事をしてきた。瞽女さんの持つ力について監督、渡部氏、私が話し合った。瞽女さんを迎え入れてくれた村人、それに応じるようにしっかりと歌った瞽女さん。その関係こそ、今私たち現代人に求められているものかもしれない。

トークが終わると監督のサイン会。監督に握手を求める人が多い。

「映画よーく作ってけやったわや」、「おら泣いちまっただ」

などおばあさんたちが、監督の前で感想を述べる。二回の上映イベントは大成功に終

露天風呂

内風呂

わった。

夕方渡部氏の車に乗り込み、芦ノ牧温泉に向かった。大川沿いにある温泉街だ。今夜の宿は、「芦ノ牧プリンスホテル」。夕方六時過ぎに到着。もう真っ暗だ。さっそく四人で温泉につかった。上映とイベントが成功した喜びが、湯につかったらいっそう高まってきた。温泉の香りが心身を包み込んだ。四人とも満足だ。内風呂からガラス戸を開けて露天風呂に入った。岩で作られた露天風呂は庭園の趣がある。

外は寒く、温泉は温かい。当たり前のことだが、それだけに温泉の良さが分かる。良い仕事をして、よい温泉につかる。これは幸せの極致かも知れない。夕食はもちろん、地酒で乾杯して身も心もそして言葉もほぐれた。

近くには大内宿や塔のへつりもある。瞽女さんの縁でこうして皆でじょんのびすることができた。「瞽女さん、ありがとう」と心の中で頭を下げた。

（令和二年三月十三日　泊）

会津芦ノ牧温泉　芦ノ牧プリンスホテル　福島県会津若松市

○泉質　ナトリウム・カルシウム―硫酸塩・塩化物温泉（弱アルカリ性低張性高温泉）

○効能　神経痛・筋肉痛・関節痛・五十肩・運動麻痺・関節のこわばり・うちみ・くじき・慢性消化器病・痔病・冷え性・病後回復期・疲労回復・健康増進・動脈硬化症・きりきず・やけど・慢性皮膚病・虚弱児童・慢性婦人病

―会津芦ノ牧温泉観光協会ホームページより―

会津若松市大戸町芦ノ牧一〇八二

電話〇二四二―九二―二三三六

◇芦ノ牧プリンスホテル　会津若松市大戸町芦牧字下夕平一〇五〇

電話〇二四二―九二―二三二一

# 11　季《とき》の郷《さと》 湯《ゆ》ら里《り》　福島県南会津郡只見町

心地よいローカル線の旅が好きだ。それも車両が一つか二つの。新潟県の小出駅から福島県の只見町を通り会津若松市まで行く只見線は、特に好きなローカル線だ。豪雨のため十年ほど一部区間をバスで代行していたが、令和四年十一月一日に会津若松駅まで全線開通した。

全線開通以前の二両編成の電車は、たいてい乗客が一車両に数名しか乗っていないので、疲れると長い座席に寝転んだりして、くつろぐ。渓谷沿いを走るから、その川の流れを楽しみ山々のその変化に見とれているうちに、時間が過ぎ去る。全線開通後は、座れないほどの人気の路線となった。

「あ、このポイントに大イワナが潜んでいそうだな」

「この崖を下りれば、釣りのポイントに行けるぞ」

などと、渓流釣りのことを考えることもある。冬は冬で雪の世界を楽しめる。（比較的雪で運休しやすいが）四季すべてが美しい路線だ。

もう何回この只見線に乗ったことだろう。只見には、映画のイベントで一緒に活動している画家の渡部等氏のアトリエがある。題材がはさ木や瞽女などと共通していて気が合う。それで彼の所に遊びに行くのだ。

車で行けば半分の時間ですむが、私はいつも電車を使う。行くと只見駅に彼が出迎えてくれる。

令和二年八月二十二日（土）小出駅から只見線で只見駅に向かった。今回は遊びではなく、翌日の日曜日の午後にやる只見町での映画「瞽女ＧＯＺＥ」の上映とイベントに参加するためだ。さらにその次の日は、中学生に映画を観てもらうことになっている。監督は東京から車でやって来た。

只見町は人口四千人弱。小さな町での上映と瞽女唄演奏会、そして監督の挨拶や私の南会津の瞽女さんについての短い話がある。

高齢化率は四〇パーセントを超えるという只見町。

当日は開演のだいぶ前から、町の人々が湯ら里の会場に集まり始めた。杖をついての人も多い。百席の椅子がほとんど埋まった。只見へは、小林ハルさんたちが八十里越の峠を越えてやって来た。叶津に出て只見にも来ていた。それゆえ、瞽女さんを知っている老人の方も多い。人の記憶というものはあいまいになる点もあるが、鮮明に覚えていることもある。瞽女さんの記憶は、その後者にあたるだろう。

横川恵子さんの瞽女唄演奏会が始まった。皆が聴き入っている。当時を思い起こす人もいるのだろう。会場に三味線の音色と瞽女唄が響き渡る。

終了後、監督の挨拶があった。撮影のことや映画を作るきっかけなどを活き活きと話した。私の南会津の瞽女さんの話では、映画の主人公である小林ハルさんが、南会津に三回来たこと、親方に一晩外で待たされたこと、村人が瞽女さんを優しく迎え入れてくれたことなどを話した。進行役は渡部氏が務めた。上映後は涙を流す姿が見られた。ほぼ満席で、一日目の上映会と演奏会は成功した。

湯ら里の湯に皆でつかった。

大きな内風呂と露天風呂のふたつがある。透明な温泉だ。成功して安堵しているためか、気分がよい。嬉しい顔、満足な顔、充実した顔。温泉の中の顔、顔、顔。ゆっくりと露天風呂で、夏の風に吹かれて心地よくつかっている。まだ日暮れ前で、オニ

内風呂

湯ら里の露天風呂

ヤンマが回旋していた。夏の花が揺れていた。温泉は本当に心も体も解放してくれた。

夕食は、関係者も交えて地元の料理と地酒、ワインをいただいた。幸せ、幸せ。翌日の午前中は、只見中学校の全生徒が瞽女唄演奏を聴き、映画「瞽女ＧＯＺＥ」を鑑賞した。中学生にこの映画はどんな反応だろうかと心配したが、大人のいらぬ詮索だった。中学生は、中学生の感性でこの映画を観ていたのだ。

中学生が書いた感想の一部を紹介する。

〇目が見えない常に真っ暗の状態で、あれだけ前向きに生きていくのはとても私にはできないことだと感じました。お母さんもやさしくしたい気持ちをおさえ、「鬼」になると決めて最後までやりとげたと思いました。お母さんの言葉にとても感動しました。「人を憎まない」、「ぜいたくをしない」、「人を差別

深沢温泉

しない」この言葉がとても心に響きました。私もこの言葉を胸に生きていきたいと思います。

三味線もすごくきれいな音でよかったです。いろいろなことを学べました。これからの人生に生かしていきたいです。（A・I）

○今回芸術鑑賞教室を観てとても楽しかったです。まず瞽女唄はとてもきれいでとても心にしみました。

映画の内容はとても感動して涙が止まりませんでした。ハルのお母さんは、ハルをごぜにさせるためにとてもきびしくしつけ、最終的にはハルが親方になり弟子を育てた。その子はハルの子どもの時に似ていたので、それで昔のころを思い出したのが感動的でした。ごぜになるのは、とても大変だなと思いました。（M・Y）

中学生は中学生なりに、しっかりと映画を観て感じ取っていた。これからも全国の中学生にも観てほしいと願う。道徳の時間も大切だが、このような映画を観せることもよいことだと強く感じた。監督はこのような感想を聞けるのが、何よりも嬉しいようだ。苦労して映画を作ったかいがあったと、感じているのだろう。
今回の只見町での上映。中学生に鑑賞という新しい扉が開かれた。監督も渡部氏も横川さんも満足な様子だった。湯ら里のすぐそばに深沢温泉「むら湯」がある。鉄分と塩分が多いかけ流しの茶褐色の温泉。もちろん入った。濃い成分だ。温泉に入れば極楽、じょんのびそのもの。只見の温泉。出発前にもうひと風呂浴びて、只見線の電車に乗った。

（令和二年八月二十二日、二十三日　泊）

季の郷 湯ら里　福島県南会津郡只見町

○泉質　ナトリウム塩化物硫酸塩温泉

○効能　神経痛・筋肉痛・関節痛・五十肩・運動麻痺・関節のこわばり・打ち身・くじき・慢性消化器病・痔疾・冷え性・病後回復期・疲労回復・健康増進

深沢温泉　むら湯　電話〇二四一―八四―七七〇七
〇泉質　ナトリウム塩化物硫酸塩（塩化物泉）　源泉かけ流し
〇効能　運動麻痺・打ち身・消化器病・神経痛・捻挫・挫き・筋肉痛・関節痛・痔・五十肩・
　　　　冷え性

―季の郷 湯ら里ホームページより―
南会津郡只見町大字長浜字上平五〇
電話〇二四一―八四―二八八八

## 12　瀬波温泉　はまなす荘　新潟県村上市

大浴場の湯にあごまで身体を沈めると、湯船から見える水平線と重なり、湯口から流れ続ける温泉が、日本海に注ぐように見えてきた。やや笹濁りの湯船の中から。村上市民ふれあいセンターで七月二十五日（日）に上映とトーク。そして渡部画伯、岡田凌雲の書、そして私の詩の展示がある。展示作業は昨日十時から行った。二十五日は、午前と午後の二回の上映とトーク。今回は、女優でアナウンサーの湯浅和歌子さんが司会を務めた。湯浅さんは、三月に上映とトークをやった東京都写真美術館のイベントで司会を担当した。やはりプロの司会なので会場の雰囲気が和やかになり、お客様を惹きつけた。

そんな縁でこの村上市に呼ぼうと、渡部氏と一緒に監督にお願いして実現した。東京から村上市は遠いので、監督と新幹線で新潟駅へ着き、そこで特急「いなほ」に乗り換え約一時間、村上駅に到着し車で出迎えた。

瞽女さんと村上市の関係は、資料が見つからず、瞽女さんがここに来ていたことがはっきりとは分からなかった。しかし、隣の胎内市や関川村に小林ハルさんたちが来ていたので、まだその記憶を持つこの地域の人たちも多く訪れた。一回目、二回目の上映とともに、七割くらいがお婆さんたちで席は占められていた。お婆さんたちは、杖をついてもおしゃべりは達者だ。会場一時間前にはもう集まり始め、画や書、詩を観て回っている。

会場は千人の座席があるが、コロナ禍でもあり半分の五百席とし、さらに隣に座らないよう半分にした。一回目二回目とも、百五十名近くが集まった。二回目のトークでは、『瞽女歩く』の詩を湯浅さんが朗読してくれた。やはりうまい。海岸を歩く瞽女さんのイメージが、村上の海岸と重なるので選んだ詩だ。瞽女唄演奏会は、小林ハルさん愛弟子の萱森直子さん。声に迫力がある。語りがうまい。その後上映とトークとなった。一回目のテーマは「瞽女力に学ぶ」、二回目は「瞽女力について」である。パワーポインを用いてのトークとなった。

トーク終了後は、監督のサイン会。そこでは、

「半年分泣きました。監督ありがとう」

などと、握手を求めるお婆さんたち。また、病気で入院されていたお爺さんは、許可をもらって映画を観に来られた。そして、

「映画を観て勇気をもらいました。ありがとう」

と喜んでおられた。埼玉県からの若い男女は、瞽女さんの生き方が心にふれたらしく、わざわざここまで観にきてくれた。若い人の心までつかむ瞽女さんの生き方に感激だ。

「よくこの映画を作ってくれた」、「なつかしいのう」など多くの感動を与えたこの上映とイベント。そして会場のスタッフの皆さんと一体になった「大成功」という心の共有を持つことができた。ここが一番大切なポイントだ。観客とスタッフと我々と。生きている喜びが全員で実感できた。三条市の鈴木さんも手伝いに来てくれた。頼もしい方である。

展示会場で記念撮影　左から鈴木、瀧澤監督、萱森、湯浅、著者、渡部

さて、温泉の話にもどろう。宿泊したはまなす荘大浴場につかり、その後は露天風呂に入った。岩風呂。遠く日本

はまなす荘内風呂からの日本海の眺め

海に夕陽が沈み込む。監督、画伯、私の三人は、この夕陽に向かって自然に手を合わせていた。今回の成功を報告し「ありがとうございました」と夕陽に感謝したのだ。それほどまでに、上映イベントの成功に心が喜んで興奮していたのだ。遠く夕陽が沈む。その右側には粟島が見えた。粟のように小さい島だから、粟島と名前がついたと言われる。周囲わずか十二キロしかない。夏のみ駐在所が開設され、警察官がやってくる。船は岩船港から毎日でている。夕食を生ビールで乾杯し、地元の銘酒「〆張鶴」の純米酒を頂くころは、闇が広がった。海を見ると二十隻ほどのイカ釣り船の漁火が浮かんだ。夕陽の後も漁火で楽しめる瀬波温泉。翌朝、湯浅さんは朝食を頂きながら、感動で興奮してよく眠れなかったと話した。感動共有が嬉しかったようだ。十一月の会津若松市の上映イベントにも来たいし、こちらも呼びたい。共有できる喜びの時間。何と男性三人が露天風呂の中で夕陽に祈ったちょうど同じ時間に、湯浅さんも一人露天風呂で両手を広げ海に向かって「ありがとう」と言ったそうだ。同じ方向の合計四人の瀬波温泉の映画「瞽女ＧＯＺＥ」旅の夏。

（令和三年七月二十四日、二十五日　泊）

瀬波温泉　はまなす荘　新潟県村上市

○泉質　ナトリウム塩化物泉
　泉温九十五度
○効能　神経痛・筋肉痛・関節痛・疲労回復・五十肩・冷え性・肩こり・打ち身・慢性消化器病・切り傷・やけど・慢性皮膚病・痔疾・慢性婦人病
○源泉数　七
○湯量　１８００リットル／分
※瀬波温泉は、豊富な湯量と温度（九十五度前後）の熱さが自慢です。

―瀬波温泉観光案内所ホームページより―
村上市瀬波温泉二―七―二四
電話〇二五四―五二―二六五六

◇はまなす荘　村上市瀬波温泉一―二―一七　電話〇二五四―五二―五二九一

## 13　東山温泉　今昔亭　福島県会津若松市

良い人と歩けば祭り悪い人と歩けば修行　　小林ハル

上映のイベントを組むのは、楽しくもあり苦しいことも当然ある。ハルさんの言葉を知っていたから苦しい局面の時に、

「悪い人と歩けば修行」

と思えることで、その苦しみを乗り越えることができる。言葉というものは、使い方次第で善悪両面に影響をもたらす。それゆえ、言葉は慎重に相手を思いやって使うべきものだ。韓国のことわざに、

「行く言葉が美しいと、来る言葉も美しい」

がある。自分がやさしい言葉を発すれば、相手も思いやりのある言葉になるとの意味だ。そんな意味でハルさんの言葉を知り、韓国のこの言葉を胆に銘じて交渉を行うようにしてきた。


福島県、会津若松市にある風雅堂が会場。大きく素敵な建物だ。すぐ近くには鶴ヶ城がある。ここで上映イベントができることは、嬉しい。私は妙高駅から直江津―長岡―そして新津で電車を乗り換え、約六時間をかけて会津若松に到着した。今回は前泊となった。渡部氏と会津若松駅で合流。そのまま東山温泉に向かった。そこで瀧澤監督と合流した。監督は連れの人と一緒に、東京から運転を交代しながらやってきた。

秋の寒さが足りなかったためか、東山温泉の紅葉の鮮やかさが足りない。それでも宿の下を流れる渓流は美しい。

露天風呂につかる瀧澤監督

内風呂

宿は、今昔亭。結構大きな宿だ。夕食前に早速温泉につかった。

大きな内風呂に入る。

かけ流しの湯があふれ出ている。そんなに混んでいなかったので、ゆっくりと心置きなく入ることができた。硫黄の香りがした。内風呂から階段を下りると、そこに大きな露天風呂があった。監督も渡部氏も私も明日のイベントのことなど忘れ、ただ真っすぐに温泉に溶け入るようにしてくつろいだ。

露天風呂のすぐ下は、渓流が流れ続けその音が心地よい。「温泉に来たぞ」

の言葉がぴったりと当てはまる。自然の中の温泉。心が喜んでいるのが分かる。宿を出るまでに私は四回つかった。

会津磐梯山を口ずさみながらー。

エイヤー 会津磐梯山は 宝の山よ
笹に黄金が エーマタ なりさがる
おはら庄助さん 何で身上つぶした
朝寝 朝酒 朝湯が大好きで
それで身上 つぶした
ハァモットモダ モットモダ

翌日の上映とイベント日、萱森直子さんもかけつけてくれた。準備は整った。開演前から、人が絶えることなく押し寄せてきた。

「なんだ！これは」と、嬉しい悲鳴をあげた。

当初は集まるか不安だった。特に責任者の渡部氏は、当日まで悩みに悩みぬいていた。でもこの押し寄せる人々を見て、ようやく笑顔がもどった。当日券を求める人がなんと五十名以上も来たではないか。新記録。結局合計約七百名余りが来てくれたのだ。

三十日（土）午後一時スタート。萱森さんの瞽女唄演奏会が始まった。その唄に酔いしれる観客。そして拍手。その後は上映。そしてトーク。テーマは「瞽女力に学ぶ」

である。瞽女さんの持つ力を様々な角度から話し合った。生きる力を我々現代人に与えてくれる瞽女さん。瞽女さんから学ぶことは、まだまだたくさんありそうだ。大きな感動で無事にイベントを終えることができた。熱心にたくさん集まってくださった会津若松市民、そして若松周辺や太平洋側の町からも駆けつけて下さった皆様に感謝したい。「ありがとう」の心で接すれば、相手から同じ心が戻ってくる。

瞽女さんのこんな言葉もある。

「ひとりの力ではなく、みんなの力です」

結果良ければすべてよしー　のことわざも思い出した。

杉本キクイ

（令和三年十月二十九日　泊）

東山温泉　今昔亭　福島県会津若松市

○泉質　硫酸塩泉（カルシウム・ナトリウム‐硫酸塩・塩化物温泉）
○効能　リウマチ性疾患・運動器障害・慢性皮膚疾患・創傷・虚弱児童・慢性婦人科疾患・更年期障害・動脈硬化症・高血圧症・痛風及び高尿酸血症

―会津東山温泉観光協会ホームページより―
会津若松市東山町湯本滝ノ湯一一〇
電話〇二四二―二七―七〇五一

◇今昔亭　会津若松市東山町湯本二四七　電話〇二四二―二六―四一二六

## 14　川西町浴浴センターまどか　山形県東置賜郡川西町

会津若松市のイベントを終え、夕方五時にそこを出発、山形県川西町まで車で移動した。約二時間のドライブ。辺りはすでに暗い。川西町に入ると米沢ラーメンの看板が目立つようになった。看板に魅かれて夕食に米沢ラーメンを食べることにした。米沢ラーメンは、近年知名度が高い。どうか美味しいお店でありますようにと、心で願

まどかの湯船

まどかロビーにて　中央は片倉尚氏

いながらお店に入った。当り！　美味しい、美味しい。餃子もサクサクとして美味しい。監督は、すぐに追加注文を出す。この勢いで明日の上映イベントが成功する予感がする。（食べ物で明日を占う幼稚な私）

川西町―失礼ながら知らない町であった。昨年、新潟県の三条市で峠サミットがあった時に、山形の峠を紹介するのに来られた片倉尚さんとお会いして、初めてその町の名前を知った。「ダリアで有名ですよ」とも聞いていた。私は、初めての場所に行くのが楽しく興味を持つタイプなので、今回の川西町行きは嬉しくてしょうがなかった。宿泊地の「川西町浴浴センターまどか」に着いた。

まどか―何をイメージするか。

まろやか―のイメージ。

円い―禅のイメージもある。

まとめれば、穏やかになる感覚。

そんなことを考えながら、浴浴センターの湯につかった。大きなガラス張りの湯船は開放感がある。町の日帰り入浴の方がたくさん温泉を楽しんでいる。やはり町に温泉施設があることは、町民にとってとてもよいことだと思う。なんせ温泉は、心身を健康にしてくれるのだから。

川西町―ここは小林ハルさんたち越後瞽女が来ていた場所だ。米沢の温泉―小野川温泉や蔵王温泉、白布温泉でも紹介したが、越後瞽女は好んでこの米沢地方にやってきた。川西町にも、瞽女宿がたくさんあった。

片倉さんは、古民家を改修して「土礼味庵《どれみあん》」と名付け、町興しに活用している。この古民家はもしかしたら、小林ハルさんがここで瞽女唄を歌った場所なのではないだろうかと話された。

瞽女さんを「瞽女様」と呼び、大切に迎え入れてくれた米沢地方の人々。その地域で今晩と翌日泊まることができる。とても嬉しい気持ちになってきた。午前と午後の二回上映と瞽女唄演奏会があった。演奏者は、小関敦子さん。まだお若い方だ。彼女のお母様がこの川西町の生まれだそうだ。二回目の上映後、監督と一緒に渡部氏と私も舞台に立った。自己紹介を兼ねて、米沢地方の方々が越後瞽女を心から迎い入れてくれていたことを話した。

そんなに大きくはない川西町だが、二回の上映で何と七百名近くが集まった。これは驚異的な数字である。新潟での上映も含めて一番であった。これは何を意味するのだろうか。「瞽女様」の精神が、今でも強く根付いているためだろうか。二泊目の夕方、まどかの湯に皆でつかった。ゆっくりとくつろぎながら。

監督も渡部氏も私も、みな上気している。喜びの心持でつかっている。そして安どの表情がどの顔にも見える。

「やったね」

「よかったー」

「大成功」

と、それぞれが声に出す。嬉しかったのだ。映画を観てもらい、瞽女唄を聴いてもらい、監督の話を聞いてもらい、観客に喜んでもらったのだから。その喜びは、イベントの終了後に表れた。ホール入り口の監督のところへ握手を求め、

「よくこの映画を作ってくださいました」

と、強く手を握り締める観客。それも何人も何人も。前日の会津若松市での成功、そ

して川西町での成功。こんなに嬉しいことはない。観客から喜んでもらえることは、こちらの喜びでもある。

湯につかりながら、皆の心身は湯に溶けそうになった。心嬉しくて。温泉は香りはあまりしないが、ほかほかほんのりと温まってくる。

夕食は片倉さんたちと一緒に和やかに楽しく美味しくいただいた。

川西町─越後瞽女が峠を越えてやってきた所。その精神が今も息づく川西町。宿の窓からは、ダリア園の美しい花が、晩秋の中で咲き誇っていた。

人の縁は有り難い。皆が、じょんのびな旅となった。


（令和三年十月三十日、三十一日　泊）

川西町浴浴センターまどか　山形県東置賜郡川西町

○泉質　食塩泉（低張性弱アルカリ性低温泉）
○効能　切り傷・火傷・慢性皮膚病・虚弱児童・慢性婦人病・神経痛・筋肉痛・病後回

復期・五十肩・運動麻挿・うちみ・くじき・ぢ疾・慢性消化器病・冷え性・関節痛・疲労回復

―川西町浴浴センターまどかホームページより―
東置賜郡川西町上小松五〇九五―三六
電話〇二三八―四二―四二一六

## 15　越後二ツ屋温泉　心の宿やすらぎ　新潟県十日町市

「蓮の花が開くときにポッと音がするそうだ」

「本当かな?」

そんな会話をしながら十日町市二ツ屋温泉で監督、渡部氏と三人で宴会前に温泉につかっていた。

「朝、その蓮の花を見に行こう」

宿の人に蓮の開花時間を聞いたら、

「朝早く」

温泉宿を六時半に出て十分ほど歩くと観光名所の弁天池が見えてきた。すでに数名が蓮の花を観ていた。田んぼ三枚くらいがピンクの花でおおわれていた。この蓮は二千年蓮（古代蓮）と呼ばれている。そこで香りを楽しみ写真を撮ったりした。二千年もの間、土の中に埋もれていた種子を発芽させて生長させたもので、今は見事な蓮畑となっている。

弁天池

お釈迦様の気分で花を眺め続けたが、「ポッ」と開く音はしなかった。この二ツ屋温泉心の宿「やすらぎ」にも、「二千年蓮」が植えられた鉢が幾つもあり楽しめる。そして、湯上りにこの鉢植えの蓮を見て二千年の歳月を想うのもよいだろう。淡紅色の見事な蓮だ。
十日町市は、高田瞽女、長岡瞽女、浜瞽女、離れ瞽女などが村々を訪れていたが、どの瞽女さんに対しても分け隔

二ッ屋温泉浴槽　渡部氏（左）と瀧澤監督

てなく受け入れてくれた情に厚い地域だ。旧松代町や旧松之山町には、高田瞽女の杉本キクイさんたちが訪れ、村人たちと深い結びつき──心の邂逅があった。

その十日町市で上映とイベントが実現できた。何事も一筋縄では行かないのが人の世である。令和三年（二〇二一年）、上映とイベントを旧松代町でやろうと計画を進めていたが、コロナ禍で実現に至らなかった。そこで諦めてはいけないと、気持ちを奮い立たせて今回の上映が実現した。会場は新しく立派な越後妻有《つまり》文化ホール「段十ろう」。十日町市でやりたいと、瞽女唄演奏者の横川恵子氏に相談。すると「十日町市では新保広大寺の全国大会が三月にあり、「段十ろう」で出演します。取りまとめ役の方を知っています」とのこと。これは嬉しい。新保広大寺節は、越後瞽女が全国に広めた歌である。それが変化しながら各地域に定着していった。新保広大寺節は日本民謡のルーツと言われる。それを歌い広めた瞽女さんの役割は大きいと言えるだろう。

「全国新保広大寺大会」が令和四年三月二十一日に「段十ろう」で行われた。私も観に行き、そこで新保広大寺節保存会会長の藤巻誠氏にお会いし、以後協力をいただくことになった。縁が縁を呼ぶのである。

まず、瞽女をテーマにした絵画と書、詩の展示が七月十二日から十六日まで「段十ろう」ホールで開催された。展示のテーマは「瞽女さの歩いた風景展」。渡部等の画、岡田凌雲の書、国見の詩が三十メートルはある直線の展示場ホールに展示された。瞽女をテーマにした、それぞれの分野での作品は、瞽女さんを総合的に理解するのに役立つのかも知れない。

当日は、上映の前に横川恵子さんの瞽女唄演奏会が行われた。映画を観る前に本物の瞽女唄を聴けるのは贅沢なことだと思う。横川さんの優しい瞽女唄に会場が魅了された。そして監督の挨拶が行われた。この際、サワ親方を演じた小林綾子さんのビデオメッセージが紹介された。小林綾子さんの母親の実家は、この十日町市にある。その縁で十日町市には、小林綾子さんのファン倶楽部もあり、上映にも協力していただいた。監督のあいさつとビデオメッセージに大きな拍手が鳴り響いた。

その後上映、そして最後に三人でのトーク。テーマは「瞽女力とは何か」である。映画の場面から、瞽女さんの行動などからその力について語り合った。

宿は十日町市の山間部にある一軒宿「越後二ッ屋温泉」。静かな温泉宿だ。イベントが無事に終わり、温泉につかる時間の喜び。こんなに感動できるものかと、脳味噌も心も身体も「フー」と力を抜いて幸せモードとなった。

やや温めの温泉は、身体を柔らかく包み込む。石造りの浴槽だ。監督も渡部氏も満足な様子。皆で「よかった」と思わず声が出た。この温泉は、身心を蘇生させてくれるようだ。目をつむれば、ここまでの過程が思い起こされる。苦労も後で花が咲くのである。

監督の今年の賀状には「苦を蒔いて喜びを刈る」と手書きの文字で書いてあった。今、それを実践し実感しているのだ。皆で。温泉から上がり、宴会会場に行った。お世話になった各団体の方々との打ち上げが催された。「乾杯」と藤巻誠さんの掛け声で、グラスが鳴った。「ハス酒」である。二千年蓮の果実と幼芽をお酒に漬けて作るという。蓮の茎がストローとなっているお洒落なハス酒。こんなに美味しい酒宴はない。これも瞽女さんが下さった有難い縁と感謝している。

（令和四年七月十六日　泊）

越後二ツ屋温泉　心の宿やすらぎ　新潟県十日町市

○泉質　単純硫黄泉

○効能　慢性皮膚病・慢性婦人病・便秘他

—心の宿やすらぎホームページより—

十日町市戊三三二—一

電話〇二五—七五七—一五四七

# 16 尾瀬檜枝岐《ひのえまた》温泉　かぎや旅館　福島県南会津郡檜枝岐村

令和四年、只見町で十一月二十五日、二十六日の両日、映画「瞽女GOZE」の上映イベントが決まった。その打ち合わせを兼ねて、監督、渡部氏、それに私の三人は九月十九日（月）に檜枝岐温泉へ集合した。監督は電車で田島駅に到着、渡部氏が迎えに行った。私は車で六十里越えを通り、只見町まで行った。今回の上映は女優の中島ひろ子さん、北川のんちゃんもトークに出演することが決定した。そして萱森さんの瞽女唄演奏会もあり豪華だ。只見町主催の企画だから、翌日に町長さんへの挨拶と内容の確認を兼ねての旅である。

日本にはまだ小さな村がいくつも存在している。この檜枝岐村は、冬は二～三メートルの豪雪地帯。それに標高が千メートル近くあるから、降った雪はなかなか消えない。人口密度が日本一低く、かつては九百人の住民が今は約五百二十人になったとい

かぎや旅館の湯船

日本秘湯を守る会のかぎや旅館

う。村の存続が危ないので村をあげて村外からの移住者を求め、あらゆる手を尽くしているそうだ。全戸に温泉が引いてあることもその一つだ。うらやましい。檜枝岐村というと尾瀬の玄関口で知られ、檜枝岐歌舞伎も有名だ。そして温泉や渓流釣りなども人気がある。檜枝岐蕎麦も有名でメニューには「山椒魚の天ぷら」もある。午後三時に檜枝岐へ到着した。宿に荷物を置き、檜枝岐歌舞伎の会場を見学。歌舞伎が上演される当日は石を組んだ見学席は、人々で埋まるという。その人気がうかがわれる。

宿泊のかぎや旅館は明治二十五年創業で日本秘湯を守る会の宿だ。さっそく三人で檜の温泉につかった。もちろん、一〇〇パーセントかけ流しでゆったりと入浴できた。温泉につかりながら、只見での上映とイベントの内容のことなどに花が咲いた。こんな贅沢な時間はない。よい仕事をして見る人に喜んでもらえるなら本望である。そして大好きな温泉につかっている。無色透明の温泉が大きな木の根？こぶ？から檜の湯船に流れ落ちてくる贅沢な温泉だ。滑らかな温泉のイメージ。夜はもちろん地酒とイワナの刺身や山菜料理をいただきながら、これまた上映イベントについて語り合った。監督は「次の映画の監督に是非」とオファーがあり、その脚本作りや奄美大島などを下見に行く計画だという。映画「瞽女GOZE」を観た方が感激し、その方からのオファーだという。これも映画「瞽女GOZE」との縁である。

翌朝、監督は一人で朝風呂につかりに行く途中で、蜂に刺されてしまった。村の診療所で一時間の点滴。結局町長との対面は一時間も遅れてしまった。人生、良いことも悪いことも全て受け入れる覚悟が必要だ。町長さんは、それでも遅刻者の我々を笑顔で出迎えて下さった。十一月の上映とイベント内容の打ち合わせが無事に終わった。今から楽しみである。初秋の檜枝岐温泉、只見町を後にした。

（令和四年九月十九日　泊）

尾瀬檜枝岐温泉　かぎや旅館　福島県南会津郡檜枝岐村

○泉質　アルカリ性単純泉、無色透明
○効能　リウマチ・神経痛・疲労回復・その他
―かぎや旅館ホームページより―
南会津郡檜枝岐村居平六七九

※共同浴場の駒の湯、燧の湯、アルザ尾瀬の郷がある。

**小林ハル**　長岡瞽女

明治三十三年（一九〇〇）新潟県南蒲原郡旭村（現三条市）で出生する

生後百日で失明する

五歳で瞽女の親方に弟子入りする

九歳で初の旅回り、新潟の下越、中越地方、福島の南会津、山形の米沢などを旅する

昭和四十八年（一九七三）に福祉施設に入所するまで瞽女として生きた

昭和五十三年（一九七八）国の選択無形文化財に選択される

昭和五十四年（一九七九）黄綬褒章を受章する

平成十三年（二〇〇一）新潟県三条市の名誉市民となる

平成十四年（二〇〇二）第三十六回吉川英治文化賞を受賞する

平成十七年（二〇〇五）四月二十五日、盲養護施設〝胎内やすらぎの家〟にて永眠一〇五歳

令和三年（二〇二一）「名誉市民 小林ハル生誕一二〇周年記念展」が開催される

**杉本キクイ**　高田瞽女

明治三十一年（一八九八）新潟県中頸城郡諏訪村（上越市）で出生する

六歳の時に麻疹がもとで失明する

高田瞽女の杉本家に養女として弟子入りする

七歳で初旅回り、上越地方や長野県を旅しながら瞽女唄を歌う

二十四歳で親方となり、組瞽女の組織を保つ
昭和四十五年（一九七〇）国の選択無形文化財に選択される
昭和四十八年（一九七三）黄綬褒章を受章する
昭和五十八年（一九八三）自宅で永眠八十五歳

**伊平タケ**　刈羽瞽女

明治十九年（一八八六）新潟県刈羽郡刈羽村で出生する
五歳の時に麻疹がもとで失明する
柏崎市藤井の瞽女、武田ヨシ、小林ワカに弟子入りする
九歳で初旅回り
二十二歳で親方の資格を得る
大正元年（一九一二）結婚　柏崎に在住し按摩業を開店する
昭和二年（一九二七）ラジオ放送に出演する
昭和三年（一九二八）レコードの吹込みをする
昭和二十五年（一九五〇）東京へ転居する
昭和四十五年（一九七〇）国の選択無形文化財に選択される
昭和四十八年（一九七三）黄綬褒章を受章する
昭和五十二年（一九七七）永眠九十一歳

## あとがき

温泉は、一般的には日本的なイメージがつきまとう。浴衣を着てのんびりと温泉場で過ごすひと時は「日本人でよかった」と思える感覚だ。

しかし、温泉は古代ローマでもその活用が積極的に行われていた。陸続きで侵略される可能性が高いローマ帝国では、外交の前に「テルマエ」と呼ばれる共同浴場に客人を招き一緒に入ってもらうのだそうだ。そうすることによって、心の壁が取り払われ、和やかなムードが生まれ、相手を敵視しなくなり外交が上手く行くというのだ。これも温泉の効能の一つと言ってよい。日本よりはるか前に温泉外交が行われていたのだ。（他にも、フランス、イギリス、トルコ、アイスランドなど世界にはたくさんの温泉地がある）

日本では、小説家がよく温泉場を訪れ、そこで名作を書いた。逗留という言葉もある。温泉場で、『雪国』や『伊豆の踊子』を書いた川端康成、『草枕』を書いた夏目漱石、『城の崎にて』を書いた志賀直哉などその例を挙げれば切りがない。歌人では与謝野晶子が有名だ。全国百以上の温泉地を巡り、歌を作った。

初めて行く温泉につかると感受性が豊かになるという。インスピレーションがひらめき創作意欲がわいて名作が誕生するというパターンだ。また湯治という言葉は昔からあり、一般庶民、農民もそれを活用して心身を休め、再生する感覚で次の労働に備えた。湯に入ると誰とでも仲良くなるから不思議だ。

そして目の見えない瞽女さんも、その温泉をうまく活用していたのだ。

「瞽女と温泉」をテーマに調べてみたら、越後の瞽女さんは、新潟県、長野県、山形県などの温泉に行き、そこで瞽女唄を歌い、休養も兼ねて情報の共有をも図っていたのだ。温泉の効能は、湯の成分だけでなく、瞽女さんにとっても大切な役割があったのだ。

瞽女さんは瞽女宿に泊まる時、演奏前に必ずお風呂に入れてもらい、着替えてから夜の演奏会に備えた。温泉でなくとも、お風呂に入ることで旅の疲れを取り除き、心身をリフレッシュさせることで夜の演奏会に積極的に向き合うことができたのだろう。旅から夜の演奏会へと、お風呂につかることでリセットしたのだ。

書物や文献などから、越後の瞽女さんが泊まった温泉場を訪ね歩いた。実際に瞽女さんが行った温泉地を訪ねることは、楽しみ以外の何物でもなかった。山形、長野、新潟へと温泉に向かう日は楽しかった。湯船につかっている人の許可をもらい写真を撮ったこともあった。温泉につかりその地域の人と話し、瞽女さんの情報を聞くこともあった。また観光協会の方が瞽女さんを熱心に調べてくれたこともあった。瞽女さんが泊まった宿が見つかりその温泉につかったときは、満足、じょんのびそのものであった。その温泉につかりながら、瞽女さんのパワーが「どうだどうだ」と、心身にしみ込んでくるような感覚を得て、元気になる私自身を発見した。

このテーマに、足掛け五年を費やした。それは、不思議な魅力と義務感のようなものを感じた旅だった。湯船の中で、村人と陽気に話し合う瞽女さん、温泉場で湯治客を相手に演奏をした瞽女さん、のんびりと湯治をする瞽女さん。山形へ長野へと遠くまで足を延ばして唄を歌い温泉につかった瞽女さん。瞽女さんも一人の人間であり、喜怒哀楽を持ってその生業をしていたことが分かる。

それでは、瞽女さんと温泉の関係を三つにまとめてみる。

## 1　温泉場は仕事がやり易い。

温泉場を宿にすると、そこを起点として周辺の村々への門付けはもちろんだが、泊まっている温泉客相手に仕事ができた。泊り客は慰安を求めて温泉に来ているのだから、瞽女唄を聴くことができれば喜ぶのである。

山形では、

混み合う温泉場はにわかにこの時期瞽女不足になり、宴の席が催されると、あちこちから瞽女さ、来てくれるかとお呼びがかかる

（『小林ハル・盲目の旅人』本間章子）

とそのようすが記されている。温泉場のにぎわいと瞽女唄を聴いている温泉客のようすが目に浮かんでくるようだ。

新潟県でも魚沼地方の大湯温泉の宿泊場所に荷物を置いて、そこから少し離れた栃尾又温泉まで出かけ、そこでまず仕事だけをした記録が残っている。

## 2　一般の人と同じように心身をリラックスさせ、疲れをいやした。

瞽女さんも人間である。ましてや一日何キロも歩くからお風呂はご馳走であった。自由に入れる温泉ならなおさらだ。香りを楽しみ、よく温まり効能があるのだから温泉はよいことずくめだ。また数人一緒に入れるから、村人とも話が弾んだことだろう。それに何回も入れるのもよい。

山形県米沢の温泉では、ハルさんの親方であったサワさんについて、

お盆は小野川の湯治場で過ごした。サワさんは小野川へは毎年行っていたから、いつもうらの新兵衛に一部屋借りて泊まりそこで二十日くらい湯治をした。

（『最後の瞽女　小林ハルの人生』桐生清次）

と、記されている。

瞽女さんも湯治をしたのだ。そう思うと、瞽女さんがもっともっと身近に感じてくる。

## 3　瞽女さん同士の情報を共有できた。

本間章子『小林ハル　盲目の旅人』では、温泉を使う理由が次のように書かれてある。

瞽女同士の情報交換の場でもあった。十日もいる人もあれば二、三日で去るものもある。ハルはこのときばかりは宿屋に泊まり、たいてい一週間をそこで過ごした。

実際に湯治場で、幾組かの瞽女さんたちが合流して情報交換をしたのだろう。そこで瞽女宿の情報や村人の情報なども共有したのだろう。

このように、瞽女さんと温泉場との繋がりを挙げてみた。瞽女さんというと、暗いイメージを持つが、温泉で湯治もして笑い語り、仕事もしっかりとやっていたのだ。温泉は、瞽女さんにとっても大切な有難い場所であったと言えるだろう。

瞽女の百人米を食べれば、体が丈夫になり風邪を引かない、瞽女唄は養蚕によい、安産できるなどと瞽女さんの存在は、常世神の役割をも果たしていた。常に努力をして人への配慮もできた。瞽女さんの生き方は、村人にとって生きる上の道しるべにもなっていた。それはまさに瞽女力である。その瞽女さんが、温泉につかったのである。

六章では、瀧澤正治監督、渡部等氏と一緒に映画「瞽女GOZE」の上映とイベント等で泊まった温泉を記載した。私にとって人生の中で大きな有難い縁であり、今後もまだまだ続くことになりそうだ。

誰もが今こそ温泉の持つ魅力を再発見し、温泉王国日本の温泉につかりリラックスし、心も体も解放して欲しい。そして個々が本来持っている感受性をよみがえらせ元気に毎日を過ごして欲しいと願う。ましてや、瞽女さんが入った温泉や縁のある温泉ならば、尚のこと効能が広がること間違いなし。温泉は、少年少女のような心にもどしてくれるタイムマシンでもある。

何も考えずに温泉につかろう。そして生きにくい世の中でも、すべすべする温泉のようにするりと苦悩をかわし、「生きていてよかった」と思える一日にしたい。

瞽女力プラス温泉力。その温泉が皆さんを待っています。

瞽女シリーズもこれで四冊目となり、これで打ち止めのつもりである。カバー絵を描いて下さった渡部等さん、ひぐちキヨミさん、そして瞽女さんが実際に温泉に入っている貴重な写真を提供して下さった橋本照嵩さん、題字を書いて下さった岡田凌雲さん、挿画の掲載を快くご承諾下さった斎藤裕重さん、上映やイベント、そして温泉巡りでお世話になった皆様に、そして毎月一回この温泉シリーズを放送して下さった上越市有線放送電話協会に深く感謝いたします。映画「瞽女GOZE」を核に一緒に活動し温泉に入り、いつも励ましていただいた瀧澤正治監督に厚く御礼申し上げます。そして映画「瞽女GOZE」でハルの母親役トメを演じた中島ひろ子さんから本書の帯文をいただくことができた。奇跡のようです。令和四年十一月に只見町の上映イベントでご一緒させていただいた縁である。中島ひろ子さん、素敵な言葉をありがとうございました。取り持っていただいたタック阿部さんに感謝申し上げます。全てが瞽女さんとの縁と思っています。

と、これで終われればよかったのですが、令和四年十月二十八日、瀧澤正治監督が急逝されました。追悼文を記して終わりにします。

## 映画「瞽女GOZE」監督・瀧澤正治さんを悼む

### 「どう生きるか」問いかけ

「苦を蒔いて喜びを刈る」

元旦に瀧澤監督から届いた賀状に、筆で書かれた言葉である。（聖書の言葉に近い）この賀状を机上に立て置いて、日々朝のスタートとしていた。小春日和の十月二十八日、夕刻に知人からメールが届いた。「瀧澤監督が本日夕方五時に亡くなりました」と。私は、放心状態におちいった。

映画「瞽女GOZE」の主人公は、最後の瞽女と言われた小林ハルさんの半生を描いたものだが、長岡瞽女や高田瞽女の枠を超えて「越後瞽女」としての生き様が撮影されると知り、大いに共感した一人である。

私は監督と一緒に、ロケ地にふさわしい場所を探しに歩いた。岩室夏井のはさ木風景や高田の雁木、雪深い牧区の棚田など。撮影現場にも幾度も同行した。監督は、「瞽女はもちろんだが、新潟の美しい風景も撮りたい」と常々口にしていた。この映画は、監督が平成十五年にテレビで小林ハルさんのことを知りその生き方に衝撃を受け、構想から十七年目で完成した。

映画は令和二年に公開されたが、新型コロナウイルス禍でのスタートとなり上映やイベントが計画どおり進まなかった。そんな時、監督の前に自然に上映の協力者が現れた。それは、監督の生き方に共感したからだろう。瞽女さんを受け入れてくれた村人や瞽女宿のように。映画は公開から三年が終わろうとするのに、今も各地で上映会が行われている。感動が線香花火のように美しく切ないまでに、心の中で燃え続け次に繋いでくれるのだ。

この映画が完成した意義は大きい。瞽女の生き方が「人間とはどう生きるべきか」と強く問いかけてくるのだ。それは国内にとどまらず、世界でも通じることが証明された。ハワイ国際映画祭日本映画招待作品、ベルギーブリュッセル南東ゲント開催日本映画祭受賞、ハンブルグ日本映画祭観客賞、カナダトロント日本映画祭受賞である。越後瞽女の存在を全国、そして海外でも知ってもらえたのは監督のお陰である。

「苦を蒔いて喜びを刈る」は、まさに監督の生き方そのものであった。監督が逝ったという現実に、私たちにできることはこの映画を今後も上映し続け、多くの人々に感動を届けることだろう。監督は深い哀しみと喜びを知る瞽女さんのような人であった。その情熱のまま走り切った瀧澤正治監督。瞽女唄を子守歌に安らかにお眠りいただきたい。

（令和四年十一月十一日　新潟日報掲載）

令和五年　初夏　国見修二

## 参考文献

『越後瞽女日記』斎藤真一／河出書房新社　一九七二年
『瞽女―盲目の旅芸人』斎藤真一／日本放送出版協会　一九七二年
『聞き書　越後の瞽女』伊平タケ　編・鈴木昭英、松浦孝義、竹田正明／講談社　一九七六年
『わたしは瞽女　杉本キクエ口伝』大山真人／音楽之友社　一九七七年
『土俗の構図』松永伍一／河出書房新社　一九七七年
『瞽女物語　斎藤真一の世界』斎藤真一／講談社　一九七七年
『瞽女の四季』橋本照嵩／音楽之友社　一九八四年
『最後の瞽女　小林ハルの人生』桐生清次／文芸社　二〇〇〇年
『小林ハル　盲目の旅人』本間章子／求龍堂　二〇〇一年
『鋼の女　最後の瞽女・小林ハル』下重暁子／集英社　二〇〇三年
『瞽女さん　高田瞽女の心を求めて』杉山幸子／川辺書林　二〇〇三年
『最後の瞽女　小林ハル　光を求めた一〇五歳』川野楠己／日本放送出版協会　二〇〇五年
『越後瞽女ものがたり　盲目旅芸人の実像』鈴木昭英／岩田書院　二〇〇九年
『公式ガイドブック信越トレイルを歩こう！』NPO法人信越トレイルクラブ／オフィスエム　二〇一二年
『瞽女キクイとハル　強く生きた盲目女性たち』川野楠己／鉱脈社　二〇一四年
「越後瞽女の「米沢歩き」」渡邉敏和「置賜の民俗」第二十五号／置賜民俗学会　二〇一八年
「山形県出身の越後瞽女」渡邉敏和「置賜の民俗」第二十六号／置賜民俗学会　二〇一九年
「高田瞽女関連資料（一）」杉山幸子氏寄贈　編・飯山市ふるさと館／飯山市ふるさと館　二〇二〇年
『瞽女』橋本照嵩／禅フォットギャラリー　二〇二一年

■著者略歴

**国見修二**（くにみしゅうじ 一九五四年～）

新潟県西蒲原郡潟東村（現新潟市）生まれ

上越教育大学大学院修了

日本詩人クラブ会員

上越詩を読む会運営委員

文学講座けやきの会講師

高田瞽女の文化を保存・発信する会理事

全国各地で画家の渡部等と詩画展を開く

瞽女や文学の講演を各地で行う

剣道七段

三味線を弾くまねをする著者

【主な著書】

詩集　『戦慄の夢』／近代文芸社 一九八三年
『鎧潟』／土曜美術社 一九九四年
『青海』／土曜美術社 一九九八年
『雪蛍』／よっちゃん書房 二〇〇六年
『瞽女歩く』／玲風書房 二〇〇九年
『詩の十二ケ月』／上越タイムス社 二〇一一年
『瞽女と七つの峠』／玲風書房 二〇一三年
『剣道みちすがら』／体育とスポーツ出版社 二〇一六年
『母守唄　母は焚き木です』／玲風書房 二〇一九年

言葉集　『若者に贈る言葉』／玲風書房 二〇〇八年
『瞽女力入門』／玲風書房 二〇二〇年

詩画集　『ふるさとの記憶―祈り』画・渡部等／上越タイムス社 二〇〇四年

著述集　『越後郷愁―はき木と雁木と瞽女さんと』共著・渡部等／新潟日報事業社 二〇一七年

［著作と活動］

青海音物語「石の聲・記憶」原作
組曲「妙高山」作詞
小学校、高校の校歌を十校作詞
新潟日報に「越後瞽女再び」「残したい越後郷愁のはさ木」「越後郷愁雁木を歩いた人々」を連載
千代の光酒造焼酎「雪蛍のさと」のラベルに詩が採用
映画「瞽女ＧＯＺＥ」のチラシに詩が掲載
東京都写真美術館で映画「瞽女ＧＯＺＥ」が上映されトークイベントで「瞽女について」語る
北方文化博物館「詩人松永伍一―戯画・ｉｎ新潟・瞽女」展を近藤征治氏と開催
全国各地で映画「瞽女ＧＯＺＥ」が上映されイベントに瀧澤正治監督、渡部等氏と参加
ビュー福島潟「はさ木のある風景」展を渡部等と開催

カバー表　画／渡部等　作品名《風花》
写真／橋本照嵩写真集『瞽女』より　一九七二年五月撮影
カバー裏　画／ひぐちキヨミ　作品名《ごぜさんの温泉》
装画　斎藤真一
写真提供　橋本照嵩

# 瞽女《ごぜ》さと温泉

二〇二三年八月十日　初版印刷
二〇二三年八月二十日　初版発行

著者　国見修二
発行者　生井澤幸吉
発行所　玲風書房
東京都北区東十条一-九-一四
電話〇三-六三二二-七八三〇
URL https://www.reifu.co.jp
制作　クリエイティブ・コンセプト
印刷・製本　神谷印刷株式会社

ISBN978-4-947666-85-7 C0095